1 MONTH OF
FREE
READING

at

www.ForgottenBooks.com

By purchasing this book you are eligible for one month membership to ForgottenBooks.com, giving you unlimited access to our entire collection of over 1,000,000 titles via our web site and mobile apps.

To claim your free month visit:
www.forgottenbooks.com/free1001008

ISBN 978-0-364-30320-7
PIBN 11001008

Der
König der Schnorrer.

Von

I. Zangwill.

Autorisierte Ausgabe.

Deutsch

von

Adele Berger.

Berlin 1897.
Verlag Siegfried Cronbach.

1. Kapitel.

(Zeigt, wie der boshafte Philanthrop in einen Fischträger verwandelt wurde.)

In jenen Tagen, da Lord George Gordon Jude wurde und für wahnsinnig gehalten ward, als England aus Respekt vor den Prophezeiungen seinen Juden jedes bürgerliche Recht mit Ausnahme des Steuerzahlens verweigerte, als jüdische Heiraten ungiltig und Legate für hebräische Kollegien richtig waren, als ein Prophet, der den Primrose-Tag prophezeit hätte, ins Gefängnis gekommen wäre, obwohl Pitt sein privates Ohr den Ansichten Benjamin Goldsmids über die fremden Anleihen lieh — in jenen Tagen, als Tewele Schiff Rabbi in Israel war, Doktor de Falk der Meister des Tetragrammaton, der Heilige und kabbalistische Beschwörer in Wellclose Square blühte und der Komponist von „Nelsons Tod" Chorknabe in der großen Synagoge war, trat Josef Grobstock, eine Säule derselben Synagoge, eines Nachmittags als einer der Letzten in dem

Ströme der sich entfernenden Andächtigen in den
Frühlingssonnenschein hinaus. In der Hand trug er
einen großen Sack und in seinem Auge lag ein
Blinzeln.

Es hatte eben ein besonderer Bitt- und Dank-
gottesdienst für die glückliche Genesung Seiner Majestät
stattgefunden und der Kantor sich für den „königlichen
Georg“ und „unsere vielgeliebte Königin Charlotte“
melödisch bei der Vorsehung verwendet. Die Zuhörerschaft war groß und elegant gewesen — viel größer
und eleganter, als wenn es sich blos um einen
himmlischen Herrscher gehandelt hätte — und darum
war der Hof mit einer Bande von Schnorrern besetzt,
die die Entfernung der Zuhörer abwarteten, geradeso
wie sich im Vestibul der Oper die Lakaten aufreihen.
Es war eine bunte Menge mit zerrauften Bärten
und langem Haar, das in Locken herabfiel; es waren
wohl nicht die Locken der damaligen Zeit, aber die
langen Röcke der deutschen Ghettos hatten zumeist den
Kniehosen und vielknöpfigen Jacken der Londoner Platz
gemacht. Wenn die vom Kontinent herübergebrachten
Kleider abgetragen, war man gezwungen, die Kleidung
der Höherstehenden zu adoptieren oder man mußte sich
welche kaufen.

Viele trugen einen Stab in der Hand und hatten
die Lenden mit bunten Taschentüchern umgürtet, als
wären sie jeden Augenblick bereit, aus der Gefangen-

schaft heimzukehren. Ihr klägliches Aussehen wurde
fast gänzlich durch Ungewaschenheit bewirkt; der Natur
oder zufälliger Hilfe in Form von Mißgestaltungen
hatten es wenige zu danken. Nur die wenigsten konnten
sich körperlicher Gebrechen rühmen, und kein einziger
zeigte Wunden wie die Lazarusse Italiens, oder Ver-
renkungen wie die Krüppel Konstantinopels.

Solche plumpe Methoden sind in der hohen Kunst
des Schnorrens verpönt. Ein grüner Schirm mag
Augenschwäche andeuten, aber der Stockblinde trug
kein prahlerisches Plakat; sein Gebrechen war eine
alte, feststehende Sache, die dem Publikum wohl bekannt war und dem Eigentümer einen bestimmten
Status in der Gemeinde verlieh. Er war kein un-
benanntes Atom, wie solche so häufig wandernd und
um Entschuldigung bittend sich durch die Christenheit
treiben. Der seltenste Anblick in dieser Zurschau-
stellung jüdischen Bettlertums war das hohle Beinkleid
oder der leere Aermel, oder das hölzerne Glied, welches
beide ausfüllte.

Als die Schnorrer Josef Grobstock erblickten
fielen sie mit lautem Segensgeschrei über ihn her. Er
aber strich ohne jede Ueberraschung pomphaft durch die
Segenssprüche hindurch, obwohl das Blinzeln in seinem
Auge zu einem schelmischen Blitzen wurde.

Außerhalb des eisernen Thores, dort, wo das
Gedränge am dichtesten war und wo einige elegante

1*

Wagen, die Andächtige aus dem fernen Hackney gebracht hatten, eben aufbrechen wollten, blieb er, von den lärmenden Schnorrern umringt, stehen und tauchte seine Hand langsam und zeremoniös in den Sack.

Unter den Bettlern entstand ein Augenblick atemloser Erwartung und Josef Grobstock hatte einen Augenblick köstlichen Bewußtseins seiner Wichtigkeit, während er, sich blähend, im Sonnenschein stand.

In der Judenschaft des achtzehnten Jahrhunderts gab es keine ausgesprochene Mittelklasse; die Welt war in Reiche und Arme geteilt, und die Reichen waren sehr, sehr reich, und die Armen sehr, sehr arm, so daß jeder seine Stellung kannte. Josef Grobstock war mit der zufrieden, in die ihn zu setzen es Gott gefallen hatte. Er war ein jovialer, vollbackiger Mensch, dessen glattrasiertes Kinn sich zu verdoppeln begann, und trug wie ein Mann von höchster Ehrbarkeit einen schönen blauen Leibrock mit einer Reihe großer Goldknöpfe. Das gekrauste Hemd, der hohe Kragen von neuester Mode und das reiche, weiße Halstuch hoben die massive Fleischigkeit des roten Halses. Sein Hut hatte die Quäkerform und seinem Haupte fehlte nicht die Perrücke und der Zopf, da der letztere blos dem Namen nach etwas Ketzerisches war.

Das, was Josef Grobstock aus dem Sacke zog, war ein kleines, weißes Papierpäckchen, und sein Sinn für Humor bewog ihn, es in die Hand zu legen, die von seiner Nase am weitesten entfernt war. Sein Humor war nämlich nicht fein, sondern plump; er setzte ihn in Stand, ein Vergnügen daran zu finden, wenn der Hut eines Nebenmenschen im Winde dahinflog, that aber wenig dazu, die Jagd nach seinem eigenen zu lindern. Seine Scherze kitzelten nicht zart; sie gaben Einem einen Schlag auf den Rücken.

So war der Mann beschaffen, der jetzt der Zielpunkt aller Augen, selbst der blicklosen wurde, sobald das Prinzip seiner mildthätigen Operationen der Menge verständlich geworden war.

Der erste Schnorrer hatte, nachdem er sein Päckchen fieberhaft aufgerissen, einen Schilling darin gefunden, und wie durch Elektrizität wurden Alle mit Ausnahme des blinden Bettlers sich bewußt, daß Josef Grobstock Schillinge spende.

Der Spender nahm an dem allgemeinen Bewußtsein teil, und seine Lippen zuckten. Schweigend griff er wieder in den Sack, wählte diesmal die nächste Hand und legte abermals ein weißes Päckchen hinein. Ein freudiger Ausdruck erhellte das schmutzige Gesicht, um sich sofort in einen Ausdruck des Entsetzens zu verwandeln.

„Ihr habt Euch geirrt, Ihr habt mir einen Pfennig gegeben," schrie der Bettler.

„Behaltet ihn für Eure Ehrlichkeit," antwortete Josef Grobstock unerschütterlich, und stellte sich, als

mache ihm das Gelächter der Uebrigen seine Freude.
Der dritte der Bettler hörte zu lachen auf, als er entdeckte, daß die Falten des Papiers einen winzigen
Sixpence umschlossen. Es war nun klar, daß der
große Mann Preispäckchen austeilte, und die Aufregung
der schäbigen Menge wuchs mit jedem Augenblick.

Grobstock fuhr fort hineinzugreifen, wobei er mit
Luchsaugen gegen jeden zweiten Appell auf der Hut
war. Eines der wenigen Goldstücke in dem Glückssacke
fiel auf den einzigen Lahmen, der vor Freude auf seinem
gesunden Bein tanzte, während der arme Blinde
seinen halben Pfennig einsteckte, ohne sich seines Miß-
geschicks bewußt zu sein. Er wunderte sich blos,
warum die Münze in Papier gewickelt war.

Nun aber konnte Grobstock sein Gesicht nicht
länger beherrschen und die letzten Episoden der Lotterie
spielten sich unter Begleitung eines breiten Grinsens
ab. Sein Vergnügen war groß und mannigfaltig.
Es handelte sich ihm nicht blos um die allgemeine
Ueberraschung über diese neue Art des Almosengebens,
sondern auch um die besonderen Einzelheiten der Ueberraschung, die sich auf allen Gesichtern hinter einander malte, während sie in Uebereinstimmung mit dem
Inhalte des Päckchens aufblitzten und lang wurden;
als Unterströmung kam dazu ein köstliches Gesumme
von Ausrufen und Segensprüchen, ein Ausstrecken
und Zurückziehen der Hände, ein rasches Wechseln

der Gesichter, das aus den Szenen ein Gemisch von Erregungen machte. So rührte das breite Grinsen ebensowohl von Befriedigung wie von Belustigung her, und ein Teil der Befriedigung entsprang einer wirklichen Gutherzigkeit, denn Grobstock war ein leichtlebiger Mann, mit dem die Welt sanft umgegangen war.

Die Schnorrer nahmen eher ein Ende als die Päckchen, aber der Philanthrop hatte keine Sorge, den Rest los zu werden. Er schloß die Oeffnung des beträchtlich erleichterten Sackes, packte ihn fest beim Halse und schritt, sein Gesicht wieder in ernste Falten legend, wie ein stattliches, vom Sonnenlicht beschienenes Schatzschiff langsam die Straße hinab. Sein Weg führte nach Goodmanns Field, wo sein Haus lag, und er wußte, daß das schöne Wetter Schnorrer genug herauslocken würde. Inderthat hatte er nicht viele Schritte zurückgelegt, als er einer Gestalt begegnete, die früher gesehen zu haben er sich nicht erinnern konnte.

An einem Pfosten am Eingange der engen Straße, die nach Bevis Marks führte, lehnte ein hochgewachsener, schwarzbärtiger, beturbanter Mann, der sich auf den ersten Blick als einer vom echten Stamme erwies. Mechanisch griff Josef Grobstock in den Glückssack, zog ein zierlich gefaltetes Päckchen heraus und reichte es dem Fremden.

Der Fremde nahm die Gabe freundlich entgegen und faltete sie ernsthaft auseinander, während der

Philanthrop ungeschickt zögerte, um das Ergebnis abzuwarten. Plötzlich wurde das dunkle Gesicht schwarz wie eine Gewitterwolke und die Augen schossen Blitze.

„Ein böser Geist fahre in die Gebeine Eurer Ahnen," zischte der Fremde zwischen den schimmernden Zähnen hervor.

„Seid Ihr gekommen, um mich zu beschimpfen?"

„Ich bitte tausendmal um Entschuldigung." stammelte der Magnat ganz bestürzt, „ich glaubte, Ihr wäret ein — ein — ein Armer."

„Und darum kommt Ihr her, um mich zu beschimpfen?"

„Nein, nein, ich wollte Euch helfen," murmelte Grobstock, und die Röte seines Gesichtes verwandelte sich in Scharlach. War es möglich, daß er sein Almosen einem Millionär aufgedrängt hatte? Nein, durch alle Wolken seiner Verwirrung und des Zornes des Empfängers schimmerte die Gestalt eines Schnorrers zu deutlich, als daß ein Irrtum möglich gewesen wäre.

Kein anderer als ein Schnorrer konnte einen zu Hause verfertigten Turban, das Ergebnis eines schwarzen, mit einem weißen Taschentuch umwickelten Käppchens, tragen; kein anderer als ein Schnorrer konnte die ersten Knöpfe seiner Weste aufknöpfen, oder diese Erleichterung, falls sie dem warmen Wetter gebührte, durch das Tragen eines Ueberkleides aufheben — besonders eines solchen, das so schwer war, wie eine

Decke·mit Knöpfen, die so groß waren, wie Kompasse und Schößen, die beinahe bis an die Schuhschnallen reichten — selbst wenn seine Länge nur mit der des unteren Rockes übereinstimmte, der bereits den Saum der Kniehosen erreichte. Außerdem würde kein anderer als ein Schnorrer diesen Ueberrock wie einen Mantel tragen, mit baumelnden Aermeln, die, wenn man sie von der Seite her sah, auf die Vermutung brachten, daß der Träger keine Arme hatte. Ganz abgesehen von der Schäbigkeit des schnupftabakfarbigen Zeuges war es offenbar, daß sein Eigentümer sich in seiner Kleidung nicht durch Maß und Regel leiten ließ. Trotz= dem erhöhte das Mißverhältnis der Kleidung nur das malerische seiner Persönlichkeit, die selbst in einem Bade aufgefallen sein würde, obwohl sie dort schwerlich zu sehen gewesen wäre.

Der wallende, ungekämmte Bart war pechschwarz und lief den Wangen entlang dem rabenschwarzen Haar entgegen, so daß das lebhafte Gesicht ganz von Schwarz umrahmt war. Es war ein langes kegelförmiges Gesicht, in denen die blutreichen Lippen wie im Herzen eines dunklen Busches leuchteten; die großen lodernden Augen saßen in tiefen Höhlen unter schwarzen, ge= wölbten Augenbrauen, die Nase war lang und koptisch, die Stirne niedrig, aber breit und struppige Haar= büschel drangen unter dem Turban hervor. Mit der rechten Hand umfaßte er einen einfachen Eichenstab.

Auf den würdigen Josef Grobstock machte die Gestalt des Bettlers einen nur allzugroßen Eindruck; er schrak unruhig vor dem zornigen Blicke zurück.

„Ich gedachte, Euch zu helfen," wiederholte er.

„So also hilft man einem Bruder in Israel?" fragte der Schnorrer, indem er das Papier dem Philanthropen verächtlich ins Gesicht warf.

Er traf ihn auf den Nasenrücken, schlug aber so weich an, daß Grobstock sofort merkte, was vorging. Das Päckchen war leer, — der Schnorrer hatte eine Niete gezogen, die einzige, die der gutmütige Mann in den Sack gethan hatte.

Die Kühnheit des Schnorrers ernüchterte Josef Grobstock vollständig, sie hätte ihn reizen können, den Kerl zu züchtigen, aber das geschah nicht. Seine bessere Natur bekam die Oberhand, er begann sich zu schämen und suchte in seiner Tasche verlegen nach einer Krone; dann zögerte er, als fürchte er, daß diese Friedensgabe einem so seltenen Geiste nicht völlig genügen würde, als schulde er dem Fremden mehr als eine Silbermünze: — eine Entschuldigung. Er schickte sich an, sie ehrlich zu bezahlen, aber in ungeschickter Weise, wie Einer, der an solche Münze nicht gewöhnt ist.

„Ihr seid ein unverschämter Kerl, aber Ihr fühlt Euch wohl verletzt," sagte er. „Nehmt die Versicherung, daß ich nicht wußte, daß in dem Päckchen nichts sei — wirklich nicht."

„Dann hat mich Euer Rentmeister bestohlen," rief der Schnorrer aufgeregt. „Ihr habt die Päckchen von ihm machen lassen, und er hat mein Geld gestohlen, der Dieb, der Sünder — dreifach verflucht, wer den Armen beraubt."

„Ihr versteht mich nicht," fiel der Magnat sanftmütig ein, „ich habe selbst die Päckchen zusammengestellt."

„Warum sagt Ihr da, daß Ihr nicht wißt, was darin war? Geht, Ihr spottet meines Elends."

„Nein, hört mich zu Ende," rief Grobstock verzweifelt. „In einige steckte ich Goldmünzen, in die meisten Silber, in ein paar Kupfermünzen, und nur in ein einziges nichts. Das habt Ihr gezogen. Es ist Euer Unglück."

„Mein Unglück," wiederholte der Schnorrer zornig. „Es ist Euer Unglück — ich habe es nicht einmal gezogen. Der Heilige — gelobt sei Er — hat Euch für Euer herzloses Spiel mit den Armen gestraft — weil Ihr Euch über ihr Unglück lustig macht, sowie die Philister über Simson. Die gute That, die durch ein freiwilliges Geschenk für mich auf Euere Rechnung geschrieben worden wäre, hat Gott Euch jetzt genommen. Er hat Euch unwürdig erklärt, durch mich Gerechtigkeit zu erlangen. Geht Eurer Wege, Mörder!"

„Mörder?" wiederholte der Philantrop. Dieses harte Urteil über seine That machte ihn ganz verblüfft.

„Ja, Mörder! Steht es nicht im Talmud, daß Einer, der einen andern beschämt, gleich dem ist, der sein Blut vergießt? Und habt Ihr mich nicht beschämt? Wenn jemand Euer Almosengeben mitangesehen hätte, würde er mich da nicht ausgelacht haben?"

Der Säule der Synagoge war zu Mute, als ob ihr Wanst einschrumpfte.

„Aber die anderen," murmelte er reuig — „ihr Blut habe ich nicht vergossen. Habe ich nicht mein schwer erworbenes Geld freiwillig hergegeben."

„Zu Eurer Belustigung," entgegnete der Schnorrer. „Aber wie steht es im Midrasch? In der Welt rollt ein Rad — nicht der, der heute reich ist, ist morgen reich, sondern diese erhöht es und jene erniedrigt es, wie es im fünfundsiebzigsten Psalm steht. Darum erhebe Dein Horn nicht zu hoch und sprich nicht mit einem steifen Nacken."

Er stand vor dem unglücklichen Kapitalisten wie ein alter Prophet, der im Begriffe ist, einen aufgeblasenen Herrscher anzuklagen. Der arme Mann griff mit der Hand unwillkürlich an seinen hohen Kragen, als wolle er damit seine scheinbare Anmaßung erklären, in Wirklichkeit aber, weil ihm bei dem Angriffe des Schnorrers der Atem ausging.

„Ihr seid ein hartherziger Mann," keuchte er hitzig. Er ward zu einer Verteidigungsweise getrieben, die er nicht vorausgesehen hatte. „Ich that es nicht aus Uebermut, sondern aus Vertrauen in die Vor=sehung. Ich weiß sehr gut, daß Gott ein Rad dreht, darum maße ich mir nicht an, es selbst zu drehen. Ueberließ ich nicht der Vorsehung, wer die Silber= und wer die Goldmünzen, wer das Kupfergeld und wer die Miete bekommen sollte? Außerdem weiß Gott allein, wer meinen Beistand wirklich braucht — ich habe ihn zu meinem Almosenier gemacht, ich habe meine Last dem Herrn aufgebürdet."

„Ketzer!" schrie der Schnorrer. „Gotteslästerer! So also möchtet Ihr mit den heiligen Worten handeln? Vergeßt Ihr, wie es im nächsten Verse heißt: ‚Blut=dürstige und Betrüger sollen nicht die Hälfte ihrer Tage erleben?' Schande über Euch! — Und Ihr seid ein Gabbai (Vorsteher) der großen Synagoge! Ihr seht, ich kenne Euch, Josef Grobstock. Hat nicht der Tempeldiener Eurer Synagoge sich gegen mich gerühmt, daß Ihr ihm eine Guinee für das Putzen Eurer Stiefeln gabt? Würde es Euch einfallen, i h m ein Päckchen anzubieten? Nein, nur auf die Armen wird getreten — auf solche, deren Verdienste weit größer sind, als die von Tempeldienern. Aber der Herr wird andere finden, die ihm leihen — denn, wer Mitleid hat mit dem Armen, leiht dem Ewigen. Ihr seid kein treuer Sohn Israels . . ." Die Tirade des Schnorrers war lang genug, um Grobstock wieder zu Atem und in den Besitz seiner Würde gelangen zu lassen.

„Wenn Ihr mich wirklich kennen würdet, müßtet Ihr wissen, daß Gott beträchtlich in meiner Schuld steht," entgegnete er ruhig. „Wenn Ihr das nächste mal über mich sprechen wollt, so sprecht mit den Psalmenleuten, nicht mit dem Tempeldiener. Noch nie habe ich die Bedürftigen vernachlässigt; selbst jetzt bin ich, obwohl Ihr frech und lieblos ward, bereit, Euch beizustehen, wenn Euch etwas abgeht."

„Wenn mir etwas abgeht," wiederholte der Schnorrer zornig. „Giebt es etwas, was mir nicht abginge?"

„Seid Ihr verheiratet?"

„Ihr habt Recht — Weib und Kinder sind das Einzige, was mir nicht abgeht."

„Keinem Armen," meinte Grobstock mit wieder er= wachtem Humor blinzelnd.

„Nein," stimmte der Schnorrer finster zu; „der Arme lebt in der Furcht Gottes, er gehorcht dem Gesetz und den Geboten. Er heiratet, so lange er jung ist, und seine Gattin ist nicht mit Unfruchtbarkeit ge= schlagen. Nur der Reiche überschreitet das Gebot und zögert, unter den Traualtar zu treten."

„Nun gut, hier ist eine Guinee im Namen meiner Frau," fiel Grobstock lachend ein, „oder halt, hier ist noch eine, da Ihr keine Stiefel putzt.

„Im Namen meines Weibes danke ich Euch," entgegnete der Schnorrer würdevoll.

„Dankt mir in Eurem eigenen Namen," antwortete Grobstock, „das heißt, sagt ihn mir."

„Ich bin Manasse Bueno Barzillai Azevedo da Costa," antwortete jener einfach.

„Ein Sephardi?" rief der Philanthrop.

„Steht das nicht auf meinem Gesicht geschrieben, so wie auf dem Euren, daß Ihr ein Tedesko seid? Es ist heute das erste Mal, daß ich von einem Euren Geschlechtes Geld annehme."

„O, wirklich?" murmelte Grobstock, der sich wieder ganz klein vorkam.

„Ja, denn sind wir nicht viel reicher als Eure Gemeinde? Was brauche ich meinen eigenen Leuten die guten Thaten wegnehmen, da sie ohnehin so wenig Gelegenheit zur Wohlthätigkeit haben, weil es so viele Wohlhabende unter ihnen giebt — Bankiers, westindische Kaufherren und —"

„Aber ich bin auch ein Finanzier und ein ostindischer Direktor," erinnerte ihn Grobstock.

„Mag sein, aber Eure Gemeinde ist noch jung und aufstrebend — Eure Reichen gleichen an Menge den Guten in Sodom. Ihr seid erst vor kurzem eingewandert — Flüchtlinge aus den Ghetti Rußlands, Polens und Deutschlands. Wir aber, wie Ihr wißt, haben uns seit Generationen hier nieder-

gelaſſen; auf der Halbinſel zierten unſere Ahnen den
Hof von Königen und kontrollierten die Ausgaben von
Fürſten; in Holland hatten wir den Handel in Händen;
die Dichter und Gelehrten in Iſrael gehören zu den
Unſrigen. Ihr könnt nicht erwarten, daß wir Euer
Geſindel anerkennen, das uns in den Augen Englands
ſchadet. Wir machen den Namen „Jude“ zu etwas
Ehrenhaftem, Ihr entwürdigt ihn; Ihr ſeid wie das
Miſchvolk, das mit unſeren Voreltern aus Egypten
kam.“

„Unſinn,“ ſagte Grobſtock zornig, „alle Iſraeliten
ſind Brüder.“

„Eſau war der Bruder Jakobs,“ antwortete
Manaſſe ſententiös. „Aber ihr werdet mich entſchul=
digen, wenn ich jetzt einkaufen gehe; es iſt ein ſolches
Vergnügen, Geld in der Hand zu haben.“

In den letzten Worten lag ein Klang von ſehn=
ſüchtigem Pathos, der den früheren die Schärfe nahm
und Joſef bereuen ließ, Worte mit einem Hungrigen
gewechſelt zu haben, deſſen geliebte Angehörige wahr=
ſcheinlich zu Hauſe hungerten.

„Gewiß, macht, daß Ihr fortkommt,“ ſagte er
freundlich.

„Ich ſehe Euch wieder,“ ſprach Manaſſe mit
einer abſchiednehmenden Handbewegung und ſchritt,
ſeinen Stab in den Kieſel ſtoßend, vorwärts, ohne ſich
nach ſeinem Wohlthäter ein einziges Mal umzuſehen.

Grobstocks Weg führte ihn nach Petticoat Lane, im Kielwasser Manasses.

Er hatte nicht die Absicht, ihm zu folgen, sah aber nicht ein, warum er aus Angst vor dem Schnorrer einen anderen Weg einschlagen sollte, umsomehr, als Manasse sich nicht umschaute.

Mittlerweile war er sich des Sackes, den er in der Hand trug, wieder bewußt geworden, hatte aber kein Herz, den Spaß fortzusetzen. Das Gewissen schlug ihm, und so griff er lieber in die Tasche, während er über den engen, lärmenden Marktplatz schritt, wo er für sich persönlich selten etwas Anderes kaufte, als Fische oder gute Thaten. In beiden war er ein Kenner. An diesem Tage kaufte er sich manche billige gute That, indem er ein paar Pfennige für Artikel bezahlte, die er nicht mitnahm — Schuhriemen und Stockbänder, Gerstenzucker und Butterkuchen.

Plötzlich erblickte er durch einen Spalt in einer undurchsichtigen Masse menschlicher Wesen einen kleinen, anziehenden Lachs, der auf der Platte eines Fisch=händlers lag. Sein Auge glänzte, das Wasser lief ihm im Munde zusammen. Rasch drängte er sich zu dem Verkäufer durch, dessen Auge ebenfalls auf=glänzte und dessen Hand mit ehrerbietigem Gruß an den Hut fuhr.

„Guten Tag, Jonathan,“ sagte Grobstock jovial, „ich nehme diesen Lachs hier — wieviel kostet er?“

2

„Verzeihung, ich stehe gerade im Handel um ihn,“ sprach eine Stimme in der Menge.

Grobstock wandte sich um; es war die Stimme Manasses.

„Laßt diesen Unsinn, da Costa,“ antwortete der Fischhändler. „Ihr wißt, daß Ihr mir nicht soviel geben könnt. Es ist der Einzige, den ich noch übrig habe,“ fügte er zu Grobstock gewendet hinzu. „Ich könnte ihn unter zwei Guineen nicht hergeben!“

„Hier ist Euer Geld,“ schrie Manasse mit leiden=schaftlicher Verachtung, und zwei Goldmünzen klirrten melodisch auf der Platte auf.

In der Menge entstand Sensation, in Grobstocks Brust regte sich Erstaunen, Empörung und Bitterkeit. Einen Augenblick war er sprachlos. Sein Gesicht färbte sich purpurrot und die Schuppen des Lachses leuchteten wie eine himmlische Vision, die ihm durch seine eigene Dummheit entschwand.

„Ich nehme den Lachs, Jonathan,“ wiederholte er stotternd. „Drei Guineen.“

„Verzeiht, es ist zu spät,“ wiederholte Manasse. „Hier ist keine Auktion.“ Und er packte den Fisch beim Schwanz.

Grobstock, so gereizt, daß ihn beinahe der Schlag getroffen hätte, fuhr auf ihn los.

„Was, Ihr,“ schrie er, „Ihr Lump, wie dürft Ihr es wagen, Lachs zu kaufen?“

„Ihr seid selbst ein Lump," entgegnete Manasse.
„Wollt Ihr, daß ich einen Lachs stehlen soll?"

„Ihr habt mein Geld gestohlen, Schuft, Schurke!"

„Mörder, Blutvergießer! Habt Ihr mir nicht
das Geld als eine freiwillige Gabe für das Seelen-
heil Eures Weibes gegeben? Vor allen diesen Zeugen
fordere ich Euch auf, zu gestehen, daß Ihr ein Verleumder seid."

„So? ein Verleumder? Ich wiederhole, Ihr
seid ein Betrüger und ein Schuft. Ihr, ein Bettler
mit Weib und Kindern, wie könnt Ihr die Stirn
haben, hinzugehen und zwei Guineen, zwei ganze
Guineen, alles, was Ihr in der Welt besitzt, für
einen bloßen Luxusgegenstand wie Lachs hinzugeben?"

Manasse zog seine gewölbten Augenbrauen in die
Höhe.

„Wenn ich mir einen Lachs nicht kaufe, wenn
ich zwei Guineen habe, wann soll ich mir da einen
kaufen?" antwortete er ruhig. „Ihr habt Recht, es
ist ein Luxus, sehr teuer; nur bei seltenen Gelegenheiten,
wie es diese ist, können meine Mittel so etwas erschwingen."

In dem Verweise lag ein würdevolles Pathos,
das den Magnaten besänftigte. Er fühlte, daß der
Bettler von seinem Standpunkte aus Recht hatte, obwohl es ein Standpunkt war, zu dem er sich ohne
Hilfe nie hätte emporschwingen können. Aber noch

immer kochte gerechter Zorn in ihm. Er fühlte unbestimmt, daß sich eine Antwort geben ließ, aber er
fühlte auch, daß sie, selbst wenn er wüßte, worin sie
bestünde, herabgestimmt werden müßte, um Manasses
Einrede zu entsprechen. Da er die passende, schneidige
Antwort nicht fand, schwieg er.

„Im Namen meines Weibes ersuche ich Euch,
meinen guten Namen rein zu waschen, den Ihr in
Gegenwart eines Händlers beschmutzt habt," fuhr
Manasse fort, indem er den Lachs beim Schwanze hin
und her schwang. „Zum zweitenmale fordere ich
Euch nun auf, vor diesen Zeugen zu gestehen, daß
Ihr mir selbst das Geld als Almosen gabt. Leugnet
Ihr es?"

„Nein, ich leugne es nicht," murmelte Grobstock.
Er konnte gar nicht verstehen, warum er sich selbst
wie ein geprügelter Hund vorkam, und warum das,
was eine Prahlerei gewesen wäre, in eine Entschuldigung vor einem Bettler verwandelt worden war.

„Im Namen meines Weibes danke ich Euch,"
sagte Manasse. „Sie ißt Lachs sehr gern und bäckt
ihn vortrefflich. Nun aber will ich Euch, da Ihr für
Eueren Sack keine weitere Verwendung habt, von seiner
Last befreien, indem ich meinen Lachs darin nach
Hause trage."

Er nahm ihn dem erstaunten Tedesko aus der
kraftlosen Hand und warf den Fisch hinein. Der Kopf

schaute hervor, die Szene mit kalten, glasigen, ironischen Augen betrachtend.

„Guten Tag allerseits," sagte der Schnorrer recht höflich.

„Einen Augenblick," rief der Philanthrop, als er seine Sprache wiederfand, „der Sack ist nicht leer, es sind noch eine Menge Päckchen darin zurückgeblieben."

„Umso besser," sagte Manasse besänftigend. „So entgeht Ihr der Versuchung, das Blut der Armen noch weiter zu vergießen, und ich entgehe der Versuchung, alle Eure Wohlthaten für Lachs auszugeben — eine Verschwendung, die Ihr mit Recht beklagt."

„Aber . . . aber . . ." begann Grobstock.

„Nein, kein Aber," protestierte Manasse, reuevoll seinen Stock schwenkend, „Ihr hattet ganz Recht. Vorhin gabt Ihr zu, daß Ihr Unrecht hattet; soll ich jetzt weniger edel sein? In Gegenwart aller dieser Zeugen erkenne ich die Gerechtigkeit dieses Vorwurfs an. Ich hätte die zwei Guineen nicht für einen Fisch verschwenden sollen. Er war es nicht wert. Kommt her und ich will Euch etwas sagen."

Er entfernte sich aus der Hörweite der Nebenstehenden, indem er in ein Seitengäßchen neben dem Stand schritt und winkte mit seinem Lachssack. Dem Direktor der Ostindischen Kompagnie blieb nichts übrig, als zu gehorchen. Wahrscheinlich würde er ihm in jedem Falle gefolgt sein, um die Sache mit ihm aus-

zutragen, aber jetzt hatte er das demütigende Gefühl,
unter dem Befehle des Schnorrers zu stehen.

„Nun, was habt Ihr mir noch zu sagen?"
fragte er mürrisch.

„Ich möchte Euch in Zukunft Geld ersparen,"
sagte der Bettler mit leiser, vertraulicher Stimme.
„Dieser Jonathan ist ein Sohn der Sünde, der Lachs
ist keine zwei Guineen wert — nein, bei meiner
Seele nicht! Wenn Ihr nicht gekommen wäret, hätte
ich ihn für fünfundzwanzig Schillinge bekommen.
Jonathan beharrte bei dem Preis, als er dachte, daß
Ihr kaufen würdet. Ich hoffe, Ihr werdet nicht
wollen, daß ich durch Euch verliere, und daß Ihr
es mir ersetzen werdet, wenn ich in dem Sack weniger
finden werde, als siebenzehn Schillinge."

Der verblüffte Finanzier fühlte seine Bekümmer-
nis wie durch Zauberhand verschwinden.

„Ich weiß, Ihr seid ein feiner Herr und imstande,
Euch so fein zu benehmen, wie ein Sephardi," fügte
Manasse gewinnend hinzu.

Dieses Kompliment vervollständigte den Sieg des
Schnorrers, der noch besiegelt wurde, als er hinzusetzte:
„Und darum möchte ich nicht, daß Ihr es auf der
Seele habt, einen armen Mann um ein paar Schillinge
gebracht zu haben."

„Ihr werdet mehr als siebzehn Schillinge im Sacke

finden," war alles, was Grobstock mit schwacher
Stimme erwidern konnte.

„Ach, warum seid Ihr als Tedesko auf die
Welt gekommen?" rief Manasse verzückt. „Wißt Ihr,
wozu ich Lust habe? Zu Euch zu kommen und Euer
Sabbatgast zu sein! Ja, ich werde am nächsten Frei=
tag bei Euch zu Abend essen und wir werden den
heiligen Sabbat zusammen begrüßen. Noch nie bin
ich am Tische eines Tedesko gesessen, aber Ihr seid
ein Mann nach meinem Herzen. Also nächsten Freitag
um sechs Uhr, vergeßt es nicht!"

„Aber . . . . aber ich habe nie Sabbatgäste,"
stammelte Grobstock.

„Ihr habt keine Sabbatgäste! Nein, nein, ich
will nicht glauben, daß Ihr einer der Söhne Belials
seid, deren Tisch nur für die Reichen gedeckt ist, die
nicht wenigstens einmal die Woche ihre Gleichheit mit
den Armen verkündigen. Nein, Eure feine Natur will
nur Eure Wohlthaten verstecken. Habe nicht ich,
Manasse Bueno Barzillai Avedo da Costa, jede Woche
an meinem Sabbattisch Jankele ben Jizchok, einen
Polen? Und wenn ich einen Tedesko an meinem Tische
habe, warum sollte ich mich darauf beschränken? Warum
sollte ich nicht auch Euch, einem Tedesko, gestatten, mir,
einem Sephardi, Gastfreundschaft zu erweisen? Also
um sechs! Ich kenne Euer Haus — es ist ein elegantes
Gebäude, das Eurem Geschmack sehr viel Ehre macht

— seid ohne Sorge — ich werde pünktlich sein. A Dios!"

Diesmal schwenkte er kameradschaftlich seinen Stock und schritt in eine Seitengasse. Einen Augenblick stand Grobstock, von dem Gefühle des Unvermeidlichen zermalmt, wie in den Boden gewurzelt; dann kam ihm ein schrecklicher Gedanke.

Er war ein leichtlebiger Mann und hätte sich mit dem Besuche Manasses abfinden können; aber er besaß eine Frau und, was noch schlimmer ist, einen livrierten Bedienten: wie konnte er erwarten, daß dieser einen solchen Gast dulden würde?

Freilich, er konnte am Freitag Abend aus der Stadt fliehen; aber das hätte lästige Erklärungen zur Folge. Und Manasse wird am nächsten Freitag wiederkommen — das stand fest. Manasse würde auf den Tod verletzt sein. Sein Erscheinen war unvermeidlich, wenn es auch hinausgeschoben werden konnte.

Oh, es war zu schrecklich! Die „Einladung" mußte um jeden Preis zurückgenommen werden. Zwischen Scylla und Charybdis, zwischen Manasse und seinen Bedienten gestellt, hatte er das Gefühl, daß er dem Ersteren eher entgegentreten könnte.

„Da Costa," rief er verzweifelt, „Da Costa!"

Der Schnorrer drehte sich um, und nun sah Grobstock ein, daß er sich geirrt hatte, als er sich einbildete, Da Costa eher entgegentreten zu können.

„Ihr habt mich gerufen?" fragte der Bettler.

„Ja—a," stammelte der Direktor der ostindischen Kompagnie und stand wie gelähmt da.

„Was wünscht Ihr von mir?" fragte Manasse liebenswürdig.

„Würdet Ihr — würdet Ihr sehr — sehr böse sein — wenn ich — wenn ich Euch bitten würde —" „nicht zu kommen," lag auf seinen Lippen, blieb dort aber kleben.

„Wenn Ihr mich um was bitten würdet?" wiederholte Manasse ermutigend.

„Ein paar von meinen Kleidern anzunehmen," fuhr Grobstock mit plötzlicher Inspiration heraus. Manasse war trotz allem ein schöner Mann; wenn er ihn bewegen könnte, seine schmierigen Kleider abzulegen, könnte er ihn beinahe als einen Prinzen von Geblüt ausgeben — für einen ausländischen wegen seines Bartes; auf jeden Fall könnte er ihn für den Livree-Bedienten präsentabel machen. Bei dieser glücklichen Lösung der Situation atmete er wiederum erleichtert auf.

„Abgelegte Kleider?" fragte Manasse. Grobstock war nicht ganz sicher, ob der Ton hochmütig oder eifrig klang. Er beeilte sich, ihn aufzuklären.

„Nein, nicht gerade abgelegte Kleider, sondern etwas abgetragene, die ich noch immer trage. Meine alten Kleider habe ich bereits zu Ostern Simon, dem

Pſalmenſager, gegeben. Die jetzigen ſind verhältnismäßig neu."

„Dann bitte ich, mich zu entſchuldigen," ſagte
Manaſſe mit einem majeſtätiſchen Schwenken des
Sackes.

„Oh, warum denn?" murmelte Grobſtock, deſſen
Blut wieder erſtarrte.

„Ich kann nicht," ſagte Manaſſe kopfſchüttelnd.

„Aber ſie würden Euch gerade paſſen," flehte
der Philanthrop.

„Darum war es um ſo lächerlicher von Euch, ſie
Simon, dem Pſalmenſager zu geben," ſprach Manaſſe
ſtreng. „Aber da er Euer Kleiderempfänger iſt, fällt
es mir nicht ein, mich in ſein Amt zu drängen. Das
iſt kein Anſtand. Es überraſcht mich, daß Ihr mich
fragt, ob ich böſe wäre. Natürlich bin ich böſe —
ſogar ſehr böſe."

„Aber er iſt nicht mein Kleiderempfänger," pro-
teſtierte Grobſtock. „Vorige Oſtern habe ich ſie ihm
zum erſtenmale gegeben, weil mein Vetter Hyam Roſen-
ſtein, der ſie gewöhnlich bekam, geſtorben iſt."

„Aber ſicherlich hält er ſich für den Erben Eures
Vetters," ſagte Manaſſe. „Er erwartet, fortan alle
Eure alten Kleider zu bekommen."

„Nein, ein ſolches Verſprechen habe ich ihm nicht
gegeben."

Manaſſe zögerte.

„Nun in diesem Falle —"

„In diesem Falle?" wiederholte Grobstock atemlos.

„Natürlich nur unter der Bedingung, daß ich fortan dauernd die Stelle habe . . . ."

„Natürlich," wiederholte Grobstock eifrig.

„Denn Ihr seht, es schadet dem Rufe, wenn man einen Kunden verliert," erklärte Manasse herablassend.

„Ja, ja, natürlich," stimmte Grobstock besänftigend zu.

„Ich verstehe vollkommen."

Aber er fühlte, daß er in künftige Verlegenheiten hineinglitt, und fügte daher schüchtern hinzu:

„Natürlich werden sie nicht immer so gut sein, weil . . ."

„Kein Wort mehr," fiel Manasse beruhigend ein. „Ich werde sie mir sofort abholen."

„Nein, ich schicke sie Euch," rief Grobstock, von neuem entsetzt.

„Nicht im Traume würde es mir einfallen, das zu gestatten. Wie, ich sollte Euch all die Mühe verursachen, die mir rechtmäßig zukommt? Ich gehe sofort — die Sache soll unverzüglich erledigt werden, das verspreche ich Euch; wie es geschrieben steht: „Ich eilete und zögerte nicht!" Folgt mir."

Grobstock unterdrückte ein Stöhnen. Da hatten ihn nun alle seine Manöver in eine ärgere Patsche gebracht als zuvor. Nun mußte er Manasse dem

Livree-Bedienten sogar ohne das reine Gesicht präsen-
tieren, das man am Sabbat nicht unbilliger Weise
von ihm erwarten durfte. Trotz der von dem gelehrten
Schnorrer zitierten Bibelstelle bemühte er sich, die
böse Stunde hinauszuschieben.

„Möchtet Ihr nicht lieber zuerst Eurer Frau
den Lachs bringen?" fragte er.

„Meine Pflicht ist es, Euch in Stand zu setzen,
Eure gute That sofort zu vollbringen. Meine Frau
weiß nichts von dem Lachs; sie befindet sich in keiner
Ungewißheit."

Noch während Manasse sprach, blitzte es durch
Grobstocks Kopf, daß Manasse mit dem Lachs präsen-
tabler war als ohne denselben — inderthat, daß der
Lachs die Situation rettete.

Wenn Grobstock Fische kaufte, nahm er sich oft
einen Mann auf, um den Kauf nach Hause zu tragen.
Manasse sah ganz wie ein solcher Eckensteher aus.
Wer würde ahnen, daß der Fisch und selbst der Sack
dem Träger gehörten, obwohl sie mit dem Golde des
Herrn gekauft waren?

Grobstock dankte stumm der Vorsehung für die
kluge Art und Weise, in der sie seine Selbstachtung
rettete. Als ein bloßer Fischträger würde Manasse
von den Hausleuten wenig beachtet werden; wenn er
einmal drin war, würde es verhältnismäßig leicht sein,
ihn herauszuschmuggeln, und wenn er dann am Freitag

Abend käme, würde die metamorphosierende Glorie eines Leibrockes ihn umgeben, seine unaussprechlichen Unterkleider unter einem Hembe und sein Turban unter einem Dreispitz stecken.

Sie langten in Albgate an, wandten sich dann nach Leman Street, einem eleganten Viertel, und von dort nach Great Prescott Street. An der kritischen Straßenecke begann Grobstock seine Fassung zu verlassen; er zog seine reichverzierte Schnupftabaksdose heraus und nahm eine mächtige Prise. Da sie ihm gut that, schritt er weiter und war beinahe schon bei seiner eigenen Thür angelangt, als Manasse ihn plötzlich bei einem Rockknopf faßte.

„Bleibt eine Sekunde stehen," rief er gebieterisch.

„Was giebts," murmelte Grobstock erschreckt.

„Ihr habt Euren ganzen Rock mit Schnupftabak bestreut," antwortete Manasse streng. „Haltet einen Augenblick den Sack, während ich ihn abstaube."

Joseph gehorchte, und Manasse entfernte jedes Stäubchen gewissenhaft und mit solcher Gebuld, das Grobstock erschöpft war.

„Ich danke Euch," sagte er endlich, so höflich er konnte: „Es ist gut."

„Nein, es ist noch nicht gut," antwortete Manasse. „Ich kann mir doch nicht meinen Rock verderben lassen. Bis ich ihn bekomme, wird er ein einziger Fleck sein, wenn ich nicht auf ihn Acht gebe."

„Also darum gabt Ihr Euch so viel Mühe?" sagte Grobstock gezwungen lachend.

„Warum denn sonst? Haltet Ihr mich für einen Tempeldiener, einen Stiefelputzer?" fragte Manasse hochmütig. „So, reiner kann ich ihn nicht mehr machen. Ihr würdet den Schnupftabak nicht mehr verschütten, wenn Ihr die Dose so halten würdet."

Manasse nahm Grobstock die Schnupftabakdose sanft aus der Hand und begann seine Erklärung, indem er ein paar Schritte weiterging.

„Ah, da sind wir," rief er, plötzlich den Anschauungsunterricht unterbrechend. Er stieß das Thor auf, lief die Stufen hinan, klopfte donnernd an und schnupfte dann majestätisch aus der juwelenbesetzten Schnupftabakdose.

Hinter ihm, Manasse Da Costa, kam als Fischträger Joseph Grobstock kraftlos einhergeschlichen.

————

2. Kapitel.
Zeigt, wie der König regierte.

Als der Finanzier einsah, daß er in einen Fischträger verwandelt worden sei, eilte er die Stufen hinan, um beim Oeffnen der Thür an der Seite des Schnorrers zu stehen. Der Livreebediente wurde durch den Anblick dieser Nebeneinanderstellung sichtlich betroffen.

„Dieser Lachs soll in die Küche kommen!“ schrie Grobstock verzweifelt, indem er ihm den Sack übergab.

Da Costa sah finster drein und war im Begriffe zu sprechen, aber Grobstocks Augen richteten sich mit verzweifeltem Flehen auf ihn.

„Wartet einen Augenblick, ich werde gleich mit Euch fertig sein,“ rief er und beglückwünschte sich selbst zu einer Phrase, die Wilkinson sicherlich in anderem Sinne auffassen würde. Er atmete erleichtert auf, als der Lakai verschwand und sie in der geräumigen Vorhalle mit ihren Statuen und Gewächsen stehen ließ.

„Auf diese Weise stehlt Ihr mir also meinen Lachs?“ fragte Da Costa hitzig.

„Still, still — ich hatte nicht die Absicht, ihn zu stehlen — ich werde Euch dafür bezahlen.“

„Ich will ihn aber nicht verkaufen! Ihr habt ihn von allem Anfang an begehrt — Ihr habt das zehnte Gebot gebrochen, geradeso wie diese steinernen Figuren das zweite verletzen. Euere Einladung, Euch sofort hierher zu begleiten, war nur ein Kniff; jetzt verstehe ich, warum Ihr es so eilig, hattet.“

„Nein, Da Costa, nachdem Ihr mir den Fisch übergabt, blieb mir nichts übrig, als ihn Wilkinson zu geben, da — da —“. Die Erklärung wäre Grobstock etwas schwer geworden, aber Manasse sparte ihm die Mühe.

„Als Wilkinson meinen Fisch zu geben?" fiel
er ein. „Herr, ich hielt Euch für einen feinen Mann,
für einen Ehrenmann. Ich gebe zu, daß ich Euch
meinen Fisch übergab, aber weil ich nicht zögerte, ihn
Euch zum Tragen zu geben, bezahlt Ihr mir so mein
Vertrauen?"

In dem Wirbel seiner Gedanken klammerte sich
Grobstock an das Wort „Zahlen", wie der Ertrinkende
an einen Strohhalm.

„Ich werde Euch Euer Geld zurückzahlen," schrie
er; „hier sind Eure zwei Guineen, Ihr könnt Euch
einen andern Lachs kaufen, und zwar billiger. Wie
Ihr selbst sagt, hättet Ihr diesen für fünfundzwanzig
Schillinge bekommen können.

„Zwei Guineen", rief Manasse verächtlich. „Jonathan, dem Fischhändler, habt Ihr drei geboten."

Grobstock war erstaunt, aber es erschien ihm unter
seiner Würde, zu handeln, und er erwog, daß ihm der
Lachs ja doch schmecken würde.

„Nun, hier sind drei Guineen," sagte er friedfertig,
indem er sie ihm hinhielt.

„Drei Guineen," wiederholte Manasse, sie verächtlich zurückstoßend. „Und was ist's mit meinem Profit?"

„Profit?" keuchte Grobstock.

„Da Ihr mich zum Zwischenhändler gemacht
habt, da Ihr mich zum Fischhandel gedrängt habt,
muß ich meinen Profit haben wie jeder Andere."

„Hier ist eine Krone extra."

„Und meine Entschädigung?"

„Was meint Ihr?" fragte Grobstock außer sich. „Wofür Entschädigung?"

„Wofür? Für mindestens zweierlei," sagte Manasse unerschütterlich. „Erstens," und während er seine logisch geordnete Antwort begann, nahm er den singenden Ton an, der bei talmudischer Dialektik üblich ist, „erstens Entschädigung dafür, daß ich den Lachs nicht selbst esse. Denn es ist nicht so, als wenn ich ihn Euch angeboten hätte; ich habe ihn Euch blos anvertraut und im zweiten Buche Mosis steht geschrieben, daß wenn jemand seinem Nachbarn einen Esel oder einen Ochsen oder ein Schaf oder sonst ein Tier zum Hüten übergiebt, dann soll er für jede Uebertretung, ob es nun den Ochsen, den Esel, das Schaf, das Kleidungsstück oder sonst irgend ein Ding betrifft, das Doppelte erhalten; und darum müßt Ihr mir sechs Guineen zahlen. Und zweitens —"

„Keinen Pfennig mehr," keuchte Grobstock, rot wie ein Truthahn.

„Schön," sagte der Schnorrer unverzagt, und die Stimme erhebend, rief er: „Wilkinson!"

„Still," gebot Grobstock. „Was thut Ihr?"

„Ich will Wilkinson sagen, daß er mir mein Eigentum zurückbringe!"

„Wilkinson wird Euch nicht gehorchen."

„Mir nicht gehorchen! Ein Diener, und nicht
einmal ein Schwarzer! Alle Sephardim, die ich besuche,
haben schwarze Diener — viel größere als Wilkinson
— und sie zittern vor mir. Bei Baron D'Aguilar
in Broad Street Buildings sind vierundzwanzig Be=
diente und sie —"

„Und worin besteht Euer zweiter Anspruch?"

„In Entschädigung dafür, daß Ihr mich zum Fisch=
händler erniedrigt habt. Ich bin nicht einer von
denen, die auf der Straße verkaufen, ich bin ein Tal=
mudgelehrter."

„Wenn eine Krone für jeden dieser Ansprüche
genügt —"

„Ich bin kein Blutsauger — wie es im Talmud
heißt: Gott liebt den, der dem Zorn nicht nachgibt,
noch sich an seine Rechte klammert — macht zusammen
drei Guineen und drei Kronen."

„Ja — da sind sie!"

Wilkinson erschien.

„Habt Ihr mich gerufen, Herr?" fragte er.

„Nein, ich rief Euch," sprach Manasse. „Ich
wollte Euch eine Krone geben."

Und er reichte ihm eine von den dreien. Wilkin=
son nahm sie verblüfft und zog sich zurück.

„Bin ich ihn nicht auf geschickte Weise los=
geworden?" sagte Manasse. „Ihr seht, wie er mir
gehorcht."

„Ja—a."

„Ich werde von Euch nicht mehr als die bloße Krone verlangen, die ich ihm gab, um Euere Ehre zu retten."

„Um meine Ehre zu retten?"

„Wäre es Euch lieber gewesen, wenn ich ihm gesagt hätte, ich habe ihn gerufen, weil sein Herr ein Dieb ist? Nein, Herr, ich war bemüht, Euch nicht öffentlich zu beschämen, obwohl Ihr für mich nicht dieselbe Sorge trugt."

„Da ist die Krone," sagte Grobstock wild. „Nein, da sind drei!" und er kehrte seine Hosentaschen um, um deren vollständige Blöße zu zeigen.

„Nein, nein!" sprach Manasse mild, „ich werde blos zwei nehmen, behaltet die dritte — Ihr könntet ein wenig Kleingeld brauchen."

Und er drückte dem Magnaten die Krone in die Hand.

„Ihr solltet in Zukunft nicht so verschwenderisch sein," fügte er mit freundlichem Vorwurf hinzu. „Es ist schlimm, wenn man nichts in der Tasche hat — ich kenne das Gefühl und empfinde mit Euch."

Grobstock stand sprachlos da; seine Finger umklammerten die geschenkte Krone. Während er so bei der Flurthür stand, machte er ein Gesicht wie Wilkinson, wenn er von einem allzu großmütigen Trinkgeld überrascht ward. Da Costa machte der Krisis ein Ende,

indem er seinem Wirte eine Prise aus der juwelen=
besetzten Schnupftabakdose bot. Grobstock nahm gierig
die ganze Dose, die der Bettler ihm ohne Protest
überließ. In seiner Dankbarkeit für diese unerwartete
Gunst steckte Grobstock den Schimpf mit der Silber=
münze ohne weiteres ein und führte Manasse zu den
abgelegten Kleidern. Er schritt behutsam einher, um
seine Frau nicht zu wecken, die eine große Lieb=
haberin der Siesta war und plötzlich wie eine Spinne
aus ihren Gemächern hervortreten konnte; aber Manasse
stampfte wie ein Narr mit seinem Stocke über die
Treppe. Glücklicherweise war der Teppich dick.

Die Kleider hingen in einem mit Spiegelglas ver=
sehenen Mahagonischrank in Grobstocks elegant ein=
gerichtetem Schlafzimmer. Grobstock stöberte zwischen
ihnen umher, während Manasse, die weißen, blaßrosa
gefütterten persischen Vorhänge beiseite schiebend, aus
dem Fenster auf den Platz hinunterblickte, der sich
im Hintergrunde des Hauses hinzog. Auf seinen
Stab gelehnt, beobachtete er die Paare, die in der
kühlen Frische des untergehenden Tages zwischen den
sonnenbeschienenen Beeten und den Gebüschen spazieren
gingen. Da und dort leuchtete das lebhafte Gesicht
einer dunkeläugigen Schönheit wie eine Passionsblume
auf. Manasse betrachtete diese Szene mit mildem
Wohlwollen, in Frieden mit Gott und den Menschen.
Er ließ sich nicht herab, einen Blick auf die Kleider

zu werfen, bis Grobstock bemerkte: „So, ich glaube das ist Alles, was ich entbehren kann." Dann drehte er sich gemächlich um und betrachtete — noch immer mit demselben wohlwollenden Ausdruck — den Haufen, den Grobstock auf das Bett geworfen hatte. Es war ein Mischmasch von Kleidungsstücken in ausgezeichnetem Zustande; prächtige Kravatten lagen in dreispitzigen Hüten und Schnallenschuhe trampelten auf weißen Westen umher. Aber sein Auge hatte kaum eine Viertel= minute auf ihnen geruht, als ein plötzlicher Blitz durch sie zuckte und ein Krampf sein Gesicht verzerrte.

„Verzeiht," rief er und eilte der Thüre zu.

„Was giebts?" rief Grobstock erstaunt und er= schreckt. Sollte seine Gabe verschmäht werden?

„Ich bin im Augenblick wieder da," sagte Manasse und eilte die Treppe hinab.

In einer Hinsicht erleichtert, war Grobstock doch von unbestimmter Unruhe erfüllt. Er lief in den Flur hinaus. „Was wollt Ihr?" rief er, so laut er nur wagte.

„Mein Geld," antwortete Manasse.

Grobstock glaubte, daß der Schnorrer den Er= trag des Lachsverkaufes im Flur gelassen hatte; er kehrte daher in sein Zimmer zurück und beschäftigte sich halb mechanisch mit dem Sortieren der Kleider, die er durcheinander auf das Bett geworfen hatte.

Während er das that, erspähte er unter einem Haufen ein paar ganz neue, noch nie getragene Bein-kleider, die er unversehens dazu gethan hatte. Während er sie in den Schrank zurückhing, hörte er scheltende Laute. Die tönende Stimme der irischen Köchin drang unverkennbar an sein Ohr und versetzte sein Herz in neues Zittern. Er trat wieder auf den Treppen-absatz hinaus und reckte den Hals über das Geländer. Glücklicherweise nahmen die Töne ab und im nächsten Augenblick erschien wieder der Kopf Manasses. Als seine linke Hand in Sicht kam, bemerkte Grobstock, daß sie den Glückssack trug, mit dem ein gewisser Philanthrop sich am Nachmittag so fröhlich auf den Weg gemacht hatte. Jetzt hatte er Lust, ihn den Unglückssack zu be-titeln.

„Ich habe ihn wiedererobert," sagte der Schnorrer heiter, „wie es geschrieben steht: „Und David eroberte Alles wieder, was die Amalekiter genommen hatten." Aber seht Ihr, in der Aufregung des Augenblicks be-merkte ich nicht, daß Ihr mir nicht nur den Lachs, sondern auch meine Geldpäckchen gestohlen hattet. Glücklicherweise hatte Eure Köchin den Fisch noch nicht aus dem Sacke genommen. Ich schalt sie trotzdem, weil sie ihn noch nicht ins Wasser gelegt hatte, und sie öffnete ihren Mund nicht in Weisheit. Wäre sie nicht eine Heidin, so würde ich einen Betrug gearg-wöhnt haben, denn ich wußte nicht, wie viel Geld

in dem Sacke war — ich hatte nur Eure Versicherung,
daß es nicht weniger als siebzehn Schillinge sind —
und es wäre leicht gewesen, den Fisch wieder hineinzu-
legen. Darum will ich mit den Worten Davids „Dir
Dank sagen, o Herr, unter den Heiden."

Die Vorstellung von dem Einbruche Manasses
in die Küche war Grobstock nicht angenehm, trotzdem
murmelte er blos: „Wie fiel Euch das so plötzlich ein?"

„Der Anblick Eurer Kleider erinnerte mich daran.
Ich dachte mir nämlich, ob Ihr etwas in den Taschen
vergessen hättet?"

Der Geber fuhr zusammen — er wußte wie nachlässig er war — und machte eine Bewegung, als wollte
er seine Kleider durchsuchen. Das Glitzern in Manasses
Augen versteinerte ihn.

„Habt Ihr — habt Ihr etwas dagegen — wenn
ich nachsehe?" stammelte er entschuldigend.

„Bin ich ein Hund?" zitterte der Schnorrer
würdevoll. „Bin ich ein Dieb, daß Ihr meine Taschen
nachseht? Wenn ich nach Hause komme," fuhr er
fort, indem er mit seinem Daumen Unterscheidungen
anzudeuten begann, „wenn ich nach Hause komme und
etwas in meinen Taschen finde, das für niemanden als
Euch von Wert ist — besorgt Ihr da, daß ich es
Euch nicht zurückgeben werde? Wenn ich aber etwas
finde, was für mich von Wert ist — besorgt Ihr da,
daß ich es nicht behalten werde?"

„Nein, aber, aber" — Grobstock brach ab. Trotz seiner finanziellen Einsicht vermochte er die Schluß= folgerung kaum zu begreifen; er fühlte nur, daß der Schnorrer die Sache als bewiesen erachtete.

„Aber was?" fragte Manasse. „Sicherlich braucht Ihr nicht mich, um Euch Eure Pflicht zu lehren; Ihr müßt das bezügliche Gesetz Moses kennen."

„Das Gesetz Moses sagt hierüber nichts."

„Wirklich? Was sagt das fünfte Buch Moses? „Wenn Du Deine Ernte auf Deinem Felde sammelst und eine Garbe auf dem Felde vergessen hast, sollst Du nicht wieder hingehen, um sie zu holen: sie soll gehören dem Fremden, den Waisen und der Witwe." Ferner, ist es nicht verboten, nochmals die Zweige Deines Oelbaumes abzusuchen oder die gefallenen Früchte in Deinem Weingarten aufzuheben? Ihr werdet zugeben, daß Moses auch verboten haben würde, sorgfältig die Taschen abgelegter Kleider zu durchsuchen, wenn nicht unsere Vorfahren vierzig Jahre lang in der Wüste in denselben Kleidern hätten herumgehen müssen, die wunderbarer Weise mit ihnen wuchsen. Nein, ich bin überzeugt, Ihr werdet den Geist des Gesetzes achten, denn als ich in Euere Küche hinunterging und den Thürpfosten untersuchte, um zu sehen, ob Ihr eine Mesusa darauf hättet — ich weiß ja, daß viele Juden mit Mesusos nur auf solchen Thürpfosten prunken, die den Gästen sichtbar sind — ·

fand ich zu meiner Freude auch dort eine." — Grobstocks Seelengröße entsprach dem Appell. Es wäre inderthat kleinlich gewesen, die Taschen zu durchstöbern oder im Futter nach ein paar Münzen zu suchen; außerdem hatte ja Manasse versprochen, Papiere und sonstiges Wertlose zurückzustellen.

„Gut, gut," sagte er freundlich, getröstet von dem Gedanken, daß seine Kümmernisse — für diesen Tag wenigstens — ein Ende hatten, „nehmt sie mit, so wie sie sind."

„Es ist leicht gesagt: nehmt sie mit," antwortete Manasse mit einem Anflug von Aerger. „In was aber soll ich sie mitnehmen?"

„Oh — ah — ja! Es muß irgendwo ein Sack herumliegen."

„Meint Ihr, ich werde sie in einem Sacke wegtragen? Wollt Ihr, daß ich aussehe wie einer, der im Hofe „alte Kleider" schreit? Ich muß einen Koffer haben. Im Kofferzimmer habe ich mehrere gesehen."

„Gut," sagte Grobstock, „wenn einer leer ist, könnt Ihr ihn haben."

Manasse legte seinen Stock auf den Toilettetisch und untersuchte sorgsam die Koffer. Einige davon standen nachlässig offen, obwohl in jedem Schlosse ein Schlüssel steckte. Sie waren mit Grobstock, der das Vergnügen stets mit dem Geschäft vereinte, sehr weit herumgekommen.

„Keiner ist ganz leer," meldete der Schnorrer, „aber in diesem da sind nur ein paar Kleinigkeiten — ein Paar Pluderhosen und dergleichen. Wenn Ihr mir sie daher zum Geschenke macht, wird der Koffer leer sein, so weit es Euch angeht."

„Auch recht," sagte Grobstock und lachte thatsäch= lich. Je näher der Augenblick der Entfernung des Schnorrers rückte, in desto bessere Laune geriet er.

Manasse schleppte den Koffer vors Bett und nun zum ersten Male seit seiner Rückkehr aus den unteren Regionen betrachtete er den Haufen Kleider, der darauf lag.

Der leichtherzige Philanthrop beobachtete sein Gesicht und sah, daß es plötzlich, wie eine Tropen= landschaft, finster wurde. Er selbst erblaßte. Der Schnorrer stieß einen unartikulierten Schrei aus und warf einen seltsam fragenden Blick auf seinen Gönner.

„Was giebts jetzt wieder?" stammelte Grobstock.

„Mir fehlt ein Paar Hosen!"

Grobstock erblaßte noch mehr. „Unsinn, Unsinn," murmelte er.

„Mir — fehlt — ein — Paar — Hosen," wieder= holte der Schnorrer entschieden.

„Oh, nein, Ihr habt alle bekommen, die ich entbehren kann," sagte Grobstock unsicher.

Der Schnorrer warf hastig den Haufen durcheinander.

Dann sprühten seine Augen Feuer, und er schlug mit der Faust auf den Toilettetisch, um jede Staccatosilbe zu begleiten.

„Mir — fehlt — ein — Paar — Hosen," schrie er.

Der schwache, fügsame Geschenkgeber machte eine böse Viertelminute durch.

„Vielleicht m—eint Ihr das neue Paar, das mir zufällig darunter kam," stammelte er endlich.

„Natürlich meine ich das neue Paar. Ihr habt es also wieder zurückgenommen, gerade weil ich einen Augenblick nicht hinsah! Ich verließ das Zimmer, weil ich dachte, daß ich es mit einem Ehrenmann zu thun hätte. Wenn Ihr ein altes Paar genommen hättet, würde mir nicht soviel daran gelegen sein; aber einem armen Manne seine funkelnagelneuen Hosen zu rauben!"

„Ich brauche sie selbst," rief Grobstock gereizt. „Ich muß morgen zu einem Empfang gehen, und sie sind das einzige Paar, das ich tragen kann. Ihr seht, ich —"

„Es ist gut," unterbrach ihn der Schnorrer mit leisem, gleichgiltigen Ton.

Daraufhin entstand Totenstille. Der Schnorrer faltete majestätisch ein Paar Seidenstrümpfe zusammen

und legte sie in den Koffer. Dann packte er in
finsterem, traurigen Stolz die anderen Kleider darauf.

Grobstocks Seele wurde von Gewissensbissen ge=
foltert. Da Costa beendete seine Arbeit, konnte aber
den überfüllten Koffer nicht schließen. Schweigend
ließ Grobstock seine gewichtige Persönlichkeit auf den
Deckel nieder. Manasse wehrte die Hilfe weder ab,
noch begrüßte er sie. Nachdem er den Schlüssel im
Schlosse umgedreht hatte, kippte er den auf dem Koffer
Sitzenden stumm hinunter und schwang jenen sich mit
vollendeter Grazie auf die Schulter.

Dann ergriff er seinen Stab und schritt aus dem
Zimmer. Grobstock wollte ihm folgen, aber der
Schnorrer machte eine abwehrende Handbewegung.

„Also am Freitag," sagte der vom Gewissen
geplagte Magnat schwach.

Manasse antwortete nicht, sondern schlug die
Thür zu, solcher Art den Herrn des Hauses einsperrend.

Grobstock fiel erschöpft auf das Bett; er sah dem
wirren Haufen Kleider, deffen Stelle er einnahm, nicht
unähnlich. Nach ein paar Minuten richtete er sich
auf, ging ans Fenster und beobachtete den Sonnen=
untergang hinter den Bäumen des Platzes.

„Auf jeden Fall, jetzt bin ich mit ihm fertig,"
sagte er und summte ein Liedchen vor sich hin. Das
plötzliche Oeffnen der Thür ließ es auf seinen
Lippen erstarren. Er fühlte sich beinahe erleichtert,

als er erkannte, daß der Eindringling blos seine Gattin war.

„Was haft Du mit Wilkinson angefangen?" rief sie stürmisch. Sie war eine blasse, beleibte Matrone mit einem aufgedunsenen Gesicht und sah beständig aus, als erinnere sie sich an die genaue Ziffer ihrer Mitgift.

„Mit Wilkinson, mein Kind? Nichts."

„Er ist nicht da; ich brauche ihn, aber die Köchin sagt, daß Du ihn fortgeschickt haft."

„Ich? O nein," entgegnete er, wendete sich aber mit beginnender Unruhe von ihrem skeptischen Blick ab.

Plötzlich erweiterten sich seine Pupillen. Ein Bild von außen hatte sich auf seiner Netzhaut gemalt. Es war das Bild Wilkinsons, des finstern, unbeug= samen Wilkinson, wie er unter dem Koffer gebeugt über den Kies des Platzes schritt. Vor ihm schritt der Schnorrer einher.

Noch nie während der ganzen Dauer seines Dienstes in Goodmanns Fields hatte Wilkinson etwas anderes auf seinem Rücken getragen als seine Livree. Ebenso leicht hätte Grobstock träumen können, daß seine Frau einwilligen würde, Kattun zu tragen. Er rieb sich die Augen, aber das Bild wollte nicht verschwinden.

Er klammerte sich an den Fenstervorhang, um sich aufrecht zu erhalten.

„Meine perſiſchen Vorhänge," ſchrie ſeine Frau. „Was geht mit Dir vor?"

„Er muß der Baal Schem ſelbſt ſein," keuchte Grobſtock, ohne auf ſie zu achten.

„Was ſiehſt Du?"

„N—ichts."

Frau Grobſtock näherte ſich ungläubig dem Fenſter und ſtarrte durch die Scheiben. Sie ſah Wilkinſon im Garten, erkannte ihn jedoch in ſeiner neuen Haltung nicht und ſchloß daher, daß die Aufregung ihres Gatten in irgend einer Verbindung zu einer ſchönen Brünette ſtehen müſſe, die in einer Sänfte ſitzend die Kühle des Abends genoß.

Ihr Ton hatte einen Anflug von Schärfe, als ſie ſagte: „Die Köchin beklagt ſich, daß ein kecker Kerl, der Dir Deinen Fiſch nach Hauſe getragen hat, ſie beleidigte."

„Oh," ſagte der arme Grobſtock. Sollte er vor dem Manne nie Ruhe haben?

„Warum haſt Du ihn in die Küche geſchickt?"

Sein Zorn gegen Manaſſe brach durch die Verdrießlichkeit ſeiner Frau von neuem los.

„Mein Kind!" ſchrie er, „ich habe ihn nirgends hingeſchickt — ausgenommen zum Teufel."

„Joſef, Du könnteſt eine ſolche Sprache für Ohren von Kreaturen in Sänften aufbewahren!"

Und Frau Grobstock stürmte unter zornigem Rauschen ihres Atlaskleides zur Thür hinaus.

Als Wilkinson matt und müde zurückkehrte — seine Pomphaftigkeit hatte sich ausgeschwitzt — suchte er seinen Herrn mit einer Botschaft auf, die er ihm ausrichtete, ehe die Flut von Fragen von Grobstocks Lippen strömen konnte.

„Herr Da Costa läßt sich empfehlen und läßt sagen, daß er sich nach reiflicher Ueberlegung entschlossen hat, sein Versprechen nicht zu brechen und am Freitag Abend hierher zu kommen."

„Wirklich?" sagte Grobstock grimmig. „Wie kam Er dazu, seinen Koffer zu tragen?"

„Ihr habt es mir ja befohlen, Herr."

„Ich habe es Ihm befohlen!"

„Ich meine, er sagte, Ihr hättet es befohlen," sprach Wilkinson verwundert. „Thatet Ihr es nicht?"

Grobstock zögerte. Da Manasse ja doch sein Gast sein würde, war es unklug, ihn dem Livreebedienten zu verraten, außerdem machte ihm Wilkinsons Demütigung ein geheimes Vergnügen; ohne den Schnorrer hätte er nie erfahren, daß Wilkinsons goldene Schnüre eine fügsame Persönlichkeit verbargen. Das Sprichwort: „Wie der Herr, so der Diener" fiel Grobstock bei dieser Gelegenheit nicht ein.

„Ich meinte nur, daß Er es bis zu einer Kutsche tragen solle," murmelte er.

„Er sagte, daß sei nicht der Mühe wert, die Ent=
fernung sei so kurz."

„Ah, Er hat sein Haus gesehen?" fragte Grobstock
neugierig.

„Ja, es ist ein schönes Haus in Aldgate mit
einem hübschen Thor und zwei steinernen Löwen
davor."

Grobstock gab sich große Mühe, nicht überrascht aus=
zusehen.

„Ich übergab den Koffer dem Bedienten."

Grobstock gab sich noch größere Mühe.

„Möchtet Ihr es glauben, Herr, zuerst dachte ich,
daß er Euch Euren Fisch nachtrage," schloß Wilkinson
mit einem schwachen Lächeln. „Er ist zu sonderbar
angezogen. Er muß wohl ein Original sein."

„Ja, ja, ein Sonderling, wie der Baron D'Aguilar,
den er oft besucht," sagte Grobstock eifrig.

Er dachte bei sich, ob er nicht wirklich die Wahrheit
spreche. War er vielleicht das Opfer eines Spaßes,
eines Schelmenstreiches geworden? Drang nicht ein
angeborenes, aristokratisches Wesen aus jeder Pore
seines geheimnisvollen Besuchers? War nicht jeder
Ton, jede Geberde die eines Mannes, der zum
Herrschen geboren ist?

„Er muß auch bedenken, daß er ein Spanier ist,"
fügte er hinzu.

„Ach ja, ich verstehe," sagte Wilkinson mit über=
zeugter Miene.

„Aber ich glaube wohl, daß er sich wie alle
anderen Leute anzieht, wenn er außer Haus diniert
oder soupiert," fügte Grobstoff leichthin hinzu. „Ich
brachte ihn nur zufällig ins Haus. Aber gehe Er
jetzt zu seiner Herrin; sie braucht Ihn.

„Ja, Herr. Aber richtig, ich vergaß Euch zu
sagen: er hofft, daß Ihr ihm ein Stück von seinem
Lachs aufheben werdet."

„Geh' Er zu seiner Herrin!" — —

„Du hast mir nicht gesagt, daß am Freitag ein
spanischer Edelmann zu uns kommt," sprach später
am Abend seine Gattin zu ihm.

„Nein," gab er kurz zu.

„Aber wird einer kommen?"

„Nein — wenigstens kein Edelmann."

„Wer denn? Ich muß also durch meine Dienst=
boten von meinen Gästen erfahren."

„Offenbar."

„Und Du hältst das für richtig?"

„Mit Deinen Dienstboten zu klatschen? Gewiß
nicht."

„Wenn mein Gatte mir nichts sagen will —
wenn er nur Augen für Sänften hat —"

Josef hielt es für das Beste, seine Frau zu
küssen.

„Es ist wohl einer Deiner Mitdirektoren in der Kompagnie?" fragte sie nun etwas milder.

„Ein Mitbruder in Israel. Er hat versprochen, um sechs Uhr zu kommen."

Manasse war auf die Minute pünktlich. Wilkinson führte ihn ins Zimmer. Die Wirtin hatte ihre schönsten Kleider angelegt, um einer Situation Ehre zu machen, der ihr Gatte so hoffnungsvoll entgegensah, als er nur konnte.

Sie sah in einem Kleid aus blauer Seide strahlend aus; ihr Haar war in einem Zopf frisiert, und um ihren Hals lag eine „esclavage", die aus Gewinden von Goldketten bestand. Die Sabbattafel mit ihren schweren silbernen Armleuchtern, der Kaffeemaschine, dem Trinkbecher, den Blumenvasen und Obstschalen sah ebenfalls festlich aus. Das Speisezimmer selbst war ein hübsches Gemach; die Buffets glänzten von venetianischem Glas und Dresdener Porzellan, und da und dort trugen vergoldete Piedestale Kugeln mit Gold= und Silberfischen.

Bei dem ersten Blick auf seinen Gast erstarrte Grobstocks Blut zu Eis: Manasse hatte kein Haar auf seinem Haupte, kein einziges seiner Kleidungsstücke geändert. Bei dem nächsten Blick begann Grobstocks Blut zu sieden. Hinter Manasse zeigte sich eine zweite Gestalt — ein zweiter Schnorrer, kleiner und sogar schmutziger als Da Costa, seiner Würde ganz entbehrend, ein plumper und gebückter Schnorrer, mit einem schmeichelnden Grinsen auf dem schmutzigen, haarigen Gesicht. Keiner von beiden nahm die Kopf-bedeckung ab.

Frau Grobstock blieb vor Erstaunen auf ihrem Stuhl wie angewurzelt sitzen.

„Friede sei mit Euch," sprach der König der Schnorrer, „ich habe meinen Freund, Jankele ben Jitzchok mitgebracht, von dem ich Euch erzählte."

Jankele nickte, breiter als gewöhnlich grinsend.

„Ich habe nie etwas davon gehört, daß er mit-kommen soll," entgegnete Grobstock mit zorngerötetem Gesicht.

„Habe ich Euch nicht gesagt, daß er jeden Freitag Abend bei mir speist?" erinnerte Manasse ihn ruhig. „Es ist sehr gütig von ihm, mich sogar hierher zu be-gleiten — so haben wir Mesuman."

Der Wirt warf, ganz außer sich, einen verstohlenen Blick auf seine Frau. Offenbar wußte sie nicht, wo ihr der Kopf stand; die Wahrnehmung ihrer Sinne kämpfte mit unbestimmten Zweifeln an den Möglich-keiten spanischen Grandentums und einem schwachen Glauben an die Zurechnungsfähigkeit ihres Gatten.

Grobstock beschloß, sich ihre Zweifel zu Nutze zu machen.

„Mein Kind," sagte er, „das ist Herr Da Costa."

4*

„Manaſſe Bueno Barzillai Azevedo Da Coſta,"
ſagte der Schnorrer.

Die Dame ſchien ein bischen überraſcht und ver=
blüfft zu ſein. Sie verbeugte ſich, aber die bewill=
kommenden Worte gefroren noch immer in ihrer Kehle.

„Und das iſt Jankele ben Jizchok," fügte Manaſſe
hinzu.

„Es iſt ein armer Freund von mir. Ich zweifle
nicht, Frau Grobſtock, daß Ihr als eine fromme
Frau, als die Tochter von Moſes Bernberg (ſein An=
denken ſei geſegnet!) vorziehen werdet, wenn Drei das
Tiſchgebet ſprechen."

„Jeder Freund von Euch iſt mir willkommen!"
Sie hörte ihre Lippen die konventionellen Worte mur=
meln, ohne daß ſie imſtande war, ſie zurückzuhalten.

„Auch daran habe ich nie gezweifelt," ſagte
Manaſſe liebenswürdig. „Iſt denn nicht die Gaſt=
freundſchaft von Moſes Bernbergs ſchöner Tochter
etwas Sprichwörtliches?"

Moſes Bernbergs Tochter konnte das nicht
leugnen; ihr Salon war das Stelldichein reicher
Handlungsreiſender, Makler und Bankiers, dann und
wann gemiſcht mit jungem und altem Blut nicht
jüdiſchen oder gar keinen Glaubens. Aber noch nie
war ſie einer ſo großartig ſchäbigen Perſönlichkeit
begegnet, noch nie hatte ſich ihre ſprichwörtliche
Gaſtfreundſchaft auf einen ſo gediegen ſchmutzigen,

polnischen Schnorrer ausgedehnt. Josef wagte nicht, ihrem Blick zu begegnen.

„Setzt Euch dorthin, Jankele," sagte er eilig in geisterhaft heiterem Tone und wies ihm einen Stuhl so weit als möglich von der Wirtin an. Manasse plazierte er neben dem polnischen Parasiten und ließ sich dann selbst als Puffer zwischen seinen Gästen und seiner Gattin nieder.

Er brannte vor innerlicher Empörung über die vergebliche Plünderung seiner Garderobe, wagte aber nicht, in Gegenwart seiner Gattin etwas zu sagen.

„Es ist eine schöne Sitte, die mit dem Sabbatgast, nicht wahr, Frau Grobstock?" begann Manasse, indem er seinen Sitz einnahm. „Ich vernachlässige sie nie — selbst wenn ich wie heute Abend mein Sabbatmahl außer dem Hause nehme."

Das frühere Fräulein Bernberg erinnerte sich plötzlich an die gute, alte Zeit; denn ihr Vater, der, wie sich ein Spaßvogel jener Periode ausgedrückt hatte, seine Zeit zwischen der Thora und dem Profit teilte, war ein Träger der alten Tradition gewesen. Vielleicht hatten sich jene altmodischen Sitten, die für bessere Zeiten nicht paßten, unter den spanischen Granden länger erhalten.

Während der sephardische Schnorrer seine Kaffee-tasse aus Wilkinsons Händen entgegennahm, ergriff sie die Gelegenheit, ihren Gatten darüber zu befragen, und er war so schwach, sie in ihrer Illusion zu unterstützen. Er wußte, es hatte keine Gefahr, daß Manasses Bettlerstand zu Tage treten könne; von den Lippen dieses Herrn würde schwerlich ein Ausbruck der Dankbarkeit fallen. Er gab ihr sogar zu verstehen, daß Da Costa sich so schäbig kleide, um seinen armen Freund zu schonen. Nichtsdestoweniger empfand Frau Grobstock, obwohl sie für solche Don Quixoterien Bewunderung empfand, einen gewissen Aerger darüber, daß man sie mit hineinzog. Sie hatte das Gefühl, daß eine solche Wohlthätigkeit zu Hause beginnen und enden müsse.

„Ich sehe, Ihr habt mir ein Stück Lachs aufgehoben," sagte Manasse.

„Was für ein Lachs war das?" fragte die Wirtin, die Ohren spitzend.

„Der, den ich am Mittwoch von Herrn Da Costa bekam," fiel der Wirt ein.

„Oh der! Der war köstlich. Es war wirklich sehr liebens würdig von Euch, Herr Da Costa, uns ein so hübsches Geschenk zu machen," sprach die Wirtin, deren Aerger abnahm. „Wir hatten gestern Gesellschaft, und alles lobte ihn so, bis nichts davon übrig war. Das ist ein anderer, aber ich hoffe, er schmeckt Euch auch," schloß sie ängstlich.

„Ja, er ist sehr gut, sehr gut. Wirklich, ich kann mich nicht erinnern, wo ich einen besseren gegessen habe, ausgenommen bei dem Präsidenten des Deputados. Aber Jankele ist ein Fischkenner, der nicht leicht zufriedenzustellen ist. Was meint Ihr, Jankele?"

Jankele gab schmatzend einen undeutlichen Billigungslaut von sich.

„Nehmt Euch noch etwas Butterbrot, Jankele," sagte Manasse. „Thut, als wenn Ihr zu Hause wäret — vergeßt nicht, Ihr seid mein Gast." Still fügte er hinzu: „Die andere Gabel."

Grobstocks Gereiztheit machte sich .in der Klage Luft, daß dem Salat Essig fehle.

„Wie kannst Du das sagen? Er ist großartig," sprach Frau Grobstock. „Salat ist die Spezialität der Köchin."

Manasse kostete ihn mit kritischer Miene. „Bei Salat muß man mich fragen," sagte er. „Essig fehlt nicht, aber ein bischen Oel mehr könnte sicherlich nicht schaden," lautete sein Verdikt. „Oh, niemand kann Salat so anmachen, wie Heymann."

Heymanns, des koscheren Koches Ruhm, der die großen Diners in der Londoner Taverne leitete, war bis zu Frau Grobstocks Ohren gedrungen und machte großen Eindruck auf sie.

„Man sagt, sein Backwerk soll gut sein," bemerkte sie, um zu zeigen, daß sie auf dem Laufenden sei.

„Ja," sagte Manasse, „in Hefenteig und in Blätterteig steht er einzig da."

„Die Torten unserer Köchin sind gerade so gut," rief Grobstock unwillig.

„Das werden wir sehen," antwortete Manasse vorsichtig. „Freilich, Mandelkuchen kann Heymann selber nicht besser machen, als die, die ich von meinem Vetter Barzillai von Fenchurch-Street bekomme.

„Euer Vetter?" rief Grobstock. „Der westindische Kaufherr?"

„Jawohl — früher in Barbadoes. Auf jeden Fall aber versteht Eure Köchin, Kaffee zu machen, obwohl ich Euch sage, daß Ihr ihn nicht direkt von der Plantage bezieht, wie die Vorsteher meiner Synagoge."

Grobstock wurde wieder einmal von der Neugierde gestachelt, die Identität des Schnorrers zu erfahren.

„Ihr werft mir vor, daß ich steinerne Figuren in meinem Hause habe," sagte er kühn. „Wozu habt Ihr dann Löwen vor dem Eurigen?"

„Ich habe keine Löwen," sagte Manasse.

„Wilkinson hat es mir erzählt. Nicht wahr, Wilkinson?"

„Wilkinson ist ein Verleumder. Das war das Haus von Nathaniel Furtado."

Grobstock wollte schier vor Aerger ersticken. Er durchschaute sofort, daß der Schnorrer die Kleider einfach direkt zu einem reichen Trödler hatte tragen lassen.

„Nehmt Euch in Acht,“ rief der Schnorrer ängstlich, „Ihr spritzt die Sauce über die ganze Weste, ohne Rücksicht auf mich.“

Josef beherrschte sich mit größter Mühe. Eine offene Diskussion hätte seiner Frau die Sachlage verraten, und er war bereits in Lügen zu tief verstrickt.

Aber es gelang ihm, Manasse zornig zuzuflüstern: „Warum habt Ihr Wilkinson gesagt, ich hätte ihm befohlen, Euren Koffer zu tragen?“

„Um Euch in seinen Augen zu erhöhen. Wozu sollte er erfahren, daß wir uns gezankt hatten? Er würde gedacht haben, daß Ihr unhöflich gegen Euren Gast seid.“

„Das ist alles sehr schön, aber warum habt Ihr meine Kleider verkauft?“

„Ihr habt doch nicht erwartet, daß ich sie tragen würde? Nein, ich kenne meine Stellung, Gott sei Dank.“

„Was sagt Ihr da, Herr Da Costa?“ fragte die Wirtin.

„O, wir sprachen von Don Mendoza,“ antwortete Grobstock mit geläufiger Zunge. „Wir sind neugierig, ob er Dick Humphreys in Doncaster schlagen wird.“

„O, Josef, hast Du von Don Mendoza beim gestrigen Souper nicht genug gehabt?“ rief seine Frau protestierend.

„Ueber solche Gegenstände pflege ich nie zu sprechen," sagte der Schnorrer, indem er seinen Wirt mit vorwurfsvollem Blicke betrachtete.

Grobstock stieß ihn verzweifelt mit dem Fuße unter dem Tische an. Er wußte, daß er dem König der Schnorrer seine Seele verkaufte, war aber zu schwach, um dem Moment entgegenzutreten.

„Nein, Da Costa thut es gewöhnlich nicht," gab er zu, „da aber Don Mendoza ein Portugiese ist, fragte ich ihn zufällig, ob er je in der Synagoge zu sehen wäre."

„Ich möchte unseren Don Mendoza gern für Euern David Lewy austauschen," sagte Da Costa streng.

David Lewy war die litterarische Zierde des Ghetto, ein Hutmacher, der hebräische Philologie und die Musen pflegte und in Verteidigung seines Glaubens eine Lanze mit Dr. Priestley, dem Entdecker des Oxygens, und Tom Payne, dem Entdecker der Vernunft, gebrochen hatte.

„Pah, David Lewy, der verrückte Hutmacher!" rief Grobstock. „Er schlägt aus seinen Büchern gar nichts heraus."

„Ihr solltet auf mehrere Exemplare subskribieren," entgegnete Manasse.

„Ja, wenn Ihr sie schreiben würdet," entgegnete Grobstock mit einer Grimasse.

„Ich habe sechs Exemplare seiner „Lingua Sacra" und ein Dutzend Exemplare von seiner Pentateuch-Ueber-setzung," erklärte Manasse mit Würde.

„Ja, Ihr könnt es erschwingen," höhnte Grob-stock mit grimmigem Humor. „Ich muß mir mein Geld verdienen."

„Trotzdem ist es sehr gut von Herrn Da Costa," fiel die Wirtin ein. „Wie viele Leute, die für großen Reichtum geboren sind, verhalten sich gegen Gelehrsam-keit ganz gleichgiltig."

„Richtig, sehr richtig," sagte Da Costa, „die Meisten sind Amrazim. *)"

Nach dem Abendessen stimmte er, von Jankele unterstützt, fröhlich das Tischgebet an, und ehe er sich entfernte, sagte er zu der Wirtin: „Möge der Herr Euch mit Kindern segnen!"

„Ich danke Euch," antwortete sie sehr bewegt.

„Es wäre mir sehr angenehm, wenn Ihr mir die Hand Eurer Tochter anvertrauen würdet, falls Ihr eine hättet."

„Ihr seid sehr liebenswürdig," murmelte sie, aber der Ausruf ihres Gatten übertönte ihre Worte: „Die Hand meiner Tochter — Euch!"

„Gewiß, wer bewegt sich in besseren Kreisen als ich? — Wer würde so leicht imstande sein, eine passende Partie für sie zu finden?

---

*) Ignoranten.

„Oh, in diesem Sinne," sagte Grobstock in einer Hinsicht besänftigt, in der andern gereizt.

„In welchem Sinne sonst? Ihr glaubt doch nicht, daß ich, ein Sephardi, sie selbst haben wollte?"

„Meine Tochter braucht Euern Beistand nicht," antwortete Grobstock kurz.

„Noch nicht," stimmte Manasse zu, indem er sich erhob. „Aber wo werdet Ihr, wenn die Zeit kommt, einen besseren Schabchen finden? Ich habe bei der Verheiratung der Töchter größerer Männer als Ihr es seid die Hand im Spiele gehabt. Seht Ihr, wenn ich ein Mädchen oder einen jungen Mann empfehle, so kenne ich sie nicht blos oberflächlich, ich habe sie in der Vertraulichkeit ihres Hauses gesehen — vor Allem bin ich imstande zu sagen, ob sie einen guten, wohlthätigen Charakter haben. Gut Schabbes!"

„Gut Schabbes!" murmelten Wirt und Wirtin, Abschied nehmend.

Frau Grobstock dachte bei sich, daß er ihr trotz aller seiner großen Bekanntschaft die Hand hätte reichen können.

„Hier geht es hinaus, Jankele," sagte Manasse, indem er ihm die Thür zeigte. „Ich freue mich wirklich, daß Ihr kommen konntet — Ihr müßt wiederkommen."

3. Kapitel.

(Zeigt, wie Seine Majestät ins Theater ging und wie seine Tochter gefreit ward.)

Während Manasse der Große, erster Bettler von Europa, in Begleitung seines polnischen Parasiten durch Goodmansfield schlenderte, und beide in heiterer Ruhe das von dem Schatzmeister der großen Synagoge, Josef Grobstock, gelieferte Abendbrot verdauten, durchdrang plötzlich eine kriegerische Musik die stille Abendluft und ließ die Pulse der Schnorrer höher schlagen.

Aus dem Platze trat ein Trupp Rekruten in der kleidsamen weißen Uniform hervor, gegen die sich die berittenen Offiziere in ihren blauen Mänteln und Beinkleidern mit roten Streifen malerisch abhoben.

„Ah," sagte Da Costa mit schwellender Brust, „dort gehen meine Soldaten."

„Eure Soldaten?" rief Jankele erstaunt.

„Ja, seht Ihr nicht, daß sie in das Indische Haus in Leadenhall Street zurückkehren*)?"

„Nu, und wenn auch?" sagte Jankele achselzuckend und die Handflächen ausstreckend.

„Und wenn! Ihr habt doch gewiß nicht vergessen, daß der Tölpel, in dessen Hause ich Euch eben bewirtete, ein Direktor der ostindischen Kompagnie ist, deren Soldaten diese dort sind."

---

*) Das Haus der Ostindischen Kompagnie in London.

„Oh," sagte Jankele, und sein mystifizierter Gesichtsausdruck machte einem Lächeln Platz. Das Lächeln verschwand bei dem strengen Blick des Spaniers, und er beeilte sich, seine Belustigung zu verbergen. Jankele war von Natur ein Hanswurst, und es kostete ihn große Mühe, seinen Gönner so ernsthaft zu nehmen, wie dieser Potentat sich selbst nahm. Vielleicht hätte Manasse Bueno Barzillai Azevedo Da Costa weniger Macht gehabt, wenn er mehr Humor gehabt hätte. Die Männer der That sind auf einem Auge blind. Cäsar würde nicht gekommen sein und nicht gesiegt haben, wenn er wirklich gesehen hätte. Der Gönner, durch das flüchtige Blinzeln im Auge des Schützlings verletzt, ging schweigend in gleichem Schritt mit der Militairmusik weiter.

„Ein schöner Abend," bemerkte Jankele demütig.

Die Worte waren seinen Lippen kaum entfahren, als er sich bewußt ward, daß er die Wahrheit gesprochen hatte. Der Mond guckte hinter einer weißen Wolke hervor, die Luft war mild, Schatten vom Laub lagen quer über dem Wege, und die Musik spielte ein Lied von Liebe und Tapferkeit. Jankele mußte plötzlich an Da Costas liebliche Tochter denken; ihr Gesicht schwebte im Mondenschein. Manasse zuckte unbesänftigt die Achseln.

„Wenn man gut zu Abend gegessen hat, ist es immer ein schöner Abend," sagte er ärgerlich. Es war, als hätte die Wolke den Mond überzogen, und ein dichter Schleier fiel über das Gesicht der lieblichen Tochter Da Costas. Aber Jankele faßte sich rasch.

„Ach ja," sagte er, „der heitige Abend ist geworden durch Euch wirklich schön für mich." Der König der Schnorrer winkte abwehrend mit seinem Stabe. „Es is immer ein scheener Abend für mich, wenn ich mit Euch beisamm bin," fügte Jankele unverzagt hinzu.

„Es ist doch seltsam," entgegnete Manasse sinnend. „Wie kommt es, daß ich einen in mein Haus und an Grobstocks Tisch geführt habe, der doch eigentlich nur mein Halbbruder in Israel ist?"

„Aber Grobstock ist auch ein Tedesko," protestierte Jankele.

„Das ist auch etwas, worüber ich mich wundere," entgegnete Da Costa. „Ich kann gar nicht verstehen, wieso ich mit ihm so befreundet werden konnte."

„Seht Ihr," rief der Tedesko schüchtern, „vielleicht würdet Ihr geheiratet haben mit der Zeit sogar Grobstocks Tochter, wenn er wirklich hätte eine."

„Hütet Eure Zunge. Ein Sephardi kann eine Tedesko nicht heiraten, es wäre eine Erniedrigung."

„Ja, aber verkehrt — ein Tedesko kann heiraten eine Sephardi, nicht wahr? Das ist eine Erhöhung. Wenn Grobstocks Tochter Euch geheiratet hätte, würde sie geheiratet haben über ihren Stand hinaus," schloß er mit unschuldiger Miene.

„Das ift wahr,“ gab Manaffe zu. „Aber da Grobftocks Tochter nicht exiftiert, meine Frau da= gegen ja“ —

„Ah, aber wenn Ihr wäret an meiner Stelle,“ fagte Jankele, „wen würdet Ihr lieber heiraten, eine Tedesko oder eine Sephardi?“

„Natürlich eine Sephardi. Aber . . .“

„Ich werde folgen Eurem Rat,“ fiel der Pole haftig ein. „Ihr feid der kligfte Menfch, den ich je gekannt hab.“

„Aber“, wiederholte Manaffe.

„Leugnet es nicht, Ihr feids. Ich werde mir fofort ausfuchen ein fepharbifches Mädchen und fie heiraten. Vielleicht fetzt Ihr auf Eurer Güte die Krone und fucht eine für mich aus. Nu?“

Manaffe war fichtlich befänftigt.

„Woher foll ich Euren Gefchmack kennen?“ fragte er zögernd.

„Oh, jedes fpanifche Mädchen wäre ein Glück für mich, felbft wenn fie hätte ein Geficht wie eine Peßach=Matze,“ antwortete Jankele. „Aber ich zieh doch vor eine Pfingftblume“.

„Was für eine Art von Schönheit gefällt Euch am beften?“

„Die Eurer Tochter,“ antwortete der Pole plump.

„Solche giebt es nicht viele,“ fagte Da Cofta ahnungslos.

„Nein, sie ist wie die Rose von Saron, aber es giebt auch nicht viele so schöne Väter.“

Manasse dachte nach. „Vielleicht Gabriel, des Totengräbers Tochter. Es heißt, daß sie eine gute Figur und ein gutes Benehmen habe.“

„Puh, der Auswurf! Sie ist so häßlich, daß sie abhält den Messias zu kommen! Sie ist ja dem Vater aus dem Gesicht geschnitten! Auch bedenkt seine Beschäftigung! Ihr würdet mir doch nicht raten, in eine so gewöhnliche Familie hineinzuheiraten. Seid Ihr nicht mein Wohlthäter?“

„Nun, ich weiß kein hübsches Mädchen, das für Euch passend wäre.“

Jankele blickte ihn mit einem schelmischen, schmeichelnden Lächeln an.

„Sagt das nicht. Habt Ihr nicht gesagt Grobstock, daß Ihr seid der erste Schadchen von der Welt?

Aber Manasse schüttelte den Kopf.

„Nein, Ihr habt ganz Recht,“ sagte Jankele demütig. „Ich werde kein wirklich scheenes Mädchen bekommen, wenn ich nicht Eure Deborah selber heirate.“

„Ich fürchte es selbst,“ meinte Manasse teilnahmsvoll.

Jankele raffte seinen Mut zusammen.

„Ach, warum kann ich nicht hoffen, Euch Schwiegervater zu nennen?“

Ein Zucken des Erstaunens und der Empörung verzerrte Manasses Gesicht. Er blieb stehen.

„Das muß ein scheenes Stück sein," sagte Jankele rasch, indem er auf ein flammendes Gemälde zeigte, das ein schreckliches, über einem düsteren Graben schwebendes Gespenst darstellte.

Sie waren in Leman Street angelangt und standen nun vor Goodman Fields Theater. Manasses Gesicht erhellte sich.

„Das ist „das Gespenst des Schlosses." Möchtet Ihr Euch es gerne ansehen?"

„Aber es ist ja schon halb zu Ende."

„O nein," sagte Da Costa, den Theaterzettel betrachtend. „Man hat zuerst eine Posse gegeben. Es ist noch nicht spät, das Trauerspiel fängt gerade an."

„Aber es ist ja heute Sabbat — wir dürfen nicht zahlen."

Eine gerechte, zornige Empörung verdunkelte abermals Manasses Gesicht.

„Glaubt Ihr, daß ich zahlen werde?" keuchte er.

„Nein," stammelte der Pole beschämt, „aber Ihr habt ja keine Freikarten."

„Freikarten? Ich? Wollt Ihr mir das Vergnügen machen, einen Sitz in meiner Loge anzunehmen?"

„In Eurer Loge?"

„Ja, es ist Platz genug darin, kommt nur mit," sagte Manasse. „Ich bin schon mehr als ein Jahr nicht im Theater gewesen, ich hatte immer so viel zu thun; es wird eine angenehme Zerstreuung sein."

Der entsetzte Jankele wagte sich nicht vor.

„Durch die Thür dort," sprach Manasse aufmunternd. „Kommt nur — Ihr müßt vorangehen."

„Aber sie werden mich nicht lassen herein."

„Nicht hineinlassen? Wenn ich Euch einen Sitz in meiner Loge gebe? Seid Ihr verrückt? Nun sollt Ihr gerade ohne mich hineingehen — ich bestehe darauf. Ich werde Euch zeigen, daß Manasse Bueno Barzillai Azevedo Da Costa ein Mann ist, dessen Wort das Gesetz Moses ist, wahr wie der Talmud. Geht gerade durch das Thor und wenn der Thürsteher Euch aufhalten will, so sagt ihm einfach, daß Herr Da Costa Euch einen Sitz in seiner Loge gegeben habe."

Jankele, der nicht wagte, Zweifel zu zeigen — ja, er vertraute der Macht seines Beschützers — setzte den Fuß auf die Schwelle des Gebäudes.

„Aber Ihr kommt doch auch mit?" sagte er, indem er sich umwendete.

„O ja, ich werde die Vorstellung nicht versäumen, seid ohne Sorge."

Jankele schritt kühn weiter und strich keck an dem Thürsteher des kleinen Theaters vorbei, scheinbar ohne ihn zu bemerken; inderthat wollte der Diener den Schnorrer auch vorbeilassen, ohne ihn zu fragen, als sei er im Zwischenakt hinausgegangen, aber für etwas Anderes als das Stehparterre sah der Besucher doch zu schmutzig aus — er hatte etwas von jenen namenlosen Wesen an sich, die in geheimnisvoller Weise in den hintern Teilen der Theater umherlungern. Der Diener, ein sanftmütiger, kleiner Londoner, besann sich noch zur rechten Zeit und schrie dem Eindringling ein aufhaltendes „He" nach.

„Was wollt Ihr?" sagte Jankele den Kopf wendend.

„Wo ist Euer Billet?"

„Ich brauche kein Billet."

„Wirklich nicht? Aber ich brauche es," entgegnete der kleine Mann, der ein Humorist war.

„Herr Da Costa hat mir gegeben einen Sitz in seiner Loge."

„Wirklich? Würdet Ihr darauf schwören?"

„Bei meinem Leben, er hat ihn mir gegeben."

„Einen Sitz in seiner Loge?"

„Ja."

„Herr Da Costa, habt Ihr gesagt?"

„Ja wohl."

„So, dann geht hier hinaus." Und der Humorist deutete auf die Straße.

Jankele rührte sich nicht von der Stelle.

„Hier hinaus, Mylord," rief der kleine Humorist gebieterisch.

„Ich sag' Euch: ich gehe in die Loge von Herrn Da Costa."

„Und ich sage Euch: marsch hinaus!" Und der Diener packte ihn beim Genick, indem er ihn mit seinen Knien vorwärts zu stoßen begann.

„Heda, was bedeutet das?"

Eine strenge, zornige Stimme schlug wie ein Donner an das Ohr des Humoristen. Er ließ den Schnorrer los, schaute auf und erblickte eine seltsame, schäbige, kräftige Gestalt, die in finsterer Majestät vor ihm stand.

„Warum stoßt ihr diesen armen Mann?" fragte Manasse.

„Er wollte sich einschleichen," antwortete der kleine Londoner halb entschuldigend, halb ärgerlich. „Er hat mir Flausen vorgemacht — schwatzte ein tolles Zeug von einem Sitz in einer Loge."

„Wohl in der Loge des Herrn Da Costa?" sagte Manasse mit niederschmetternder Ruhe und einem drohenden Blitzen der Augen.

„Ja," antwortete der Humorist erstaunt und etwas erschrocken.

Aber nun brach der Sturm los.

„Frecher Kerl! Niedriger, jämmerlicher Geselle! Ihr weigert Euch also, meinen Gast in meine Loge zu führen."

„Seid Ihr Da Costa?" stammelte der Humorist.

„Ja, ich bin Herr Da Costa, Ihr aber werdet nicht länger Thürsteher sein, wenn Ihr Leute, die sich Euere Stücke ansehen wollen, derart behandelt. Weil der Mann hier arm aussieht, glaubt Ihr, ihn ungestraft beleidigen zu können —. Verzeiht mir, Jankele, es thut mir so leid, daß ich nicht vor Euch herkommen und Euch diese beleidigende Behandlung ersparen konnte! Aber, was Euch betrifft, mein feiner Herr, so laßt Euch von mir sagen, daß Ihr einen großen Irrtum begeht, wenn Ihr nach dem äußeren Schein urteilt. Ich habe einige gute Freunde, die Euer Theater und Euch und Euere erbärmliche, kleine Seele auskaufen könnten, aber wenn Ihr sie anseht, würdet Ihr glauben, daß sie Höker sind. Eines schönen Tages — hört Ihr's — werdet Ihr eine hohe Persönlichkeit hinauswerfen und selber hinausgeworfen werden."

„Es — es thut mir sehr leid, Herr."

„Das habt Ihr nicht mir zu sagen, bittet meinen Gast um Entschuldigung. Ja, bei Gott, Ihr werdet ihn um Entschuldigung bitten, obwohl er kein Geldaristokrat ist, sondern das, was er scheint. Weil ich einem armen Manne, der vielleicht noch nie in seinem Leben im Theater gewesen ist, ein Vergnügen machen möchte, brauche ich ihn doch sicherlich nicht auf die Galerie zu schicken. Ich kann ihm einen Winkel in meiner Loge einräumen, wenn es mir paßt. Ein solches Verbot besteht doch nicht, glaube ich."

„Nein, Herr, das kann ich nicht sagen," antwortete der Humorist demütig. „Aber Ihr werdet doch zugeben, Herr, daß so etwas ziemlich ungewöhnlich ist."

„Ungewöhnlich? Natürlich ist es ungewöhnlich. Güte und Rücksicht gegen die Armen sind immer ungewöhnlich. Die Armen werden bei jeder Gelegenheit wie Hunde getreten, nicht wie Menschen behandelt. Wenn ich einen betrunkenen Laffen eingeladen hätte, wäret Ihr ihm mit dem Hut in der Hand entgegen gegangen. (Nein, jetzt braucht ihr ihn nicht vor mir abzunehmen, jetzt ist es zu spät.) Aber ein nüchterner, braver Mann. — Bei Gott, ich werde Eure Unhöflichkeit der Direktion berichten, und Ihr könnt von Glück sagen, wenn ich Euch nicht obendrein mit diesem Stock durchdresche."

„Aber woher sollte ich wissen, Herr . . . ?

„Mit mir habt Ihr nicht zu sprechen, sage ich Euch; wenn Ihr Etwas zur Milderung Eures Benehmens thun wollt, so wendet Euch an meinen Gast."

„Laßt es für diesmal hingehen, Herr," sagte der kleine Humorist zu Jankele gewandt.

„Nächstes Mal werdet Ihr mir vielleicht glauben, wenn ich sag', ich hab' einen Sitz in der Loge vom Herrn Da Costa," antwortete Jankele mit sanftem Vorwurf.

„Nun, wenn Ihr zufrieden seid, Jankele, so habe ich nichts mehr zu sagen," sprach Manasse mit einem Anflug von Verachtung. „Vorwärts, Mann, zeig uns unsere Loge."

Der Diener verbeugte sich und führte sie in den Korridor. Plötzlich drehte er sich um.

„Welche Loge ist es, bitte?" fragte er schüchtern.

„Dummkopf," rief Manasse. „Welche Loge sollte es denn sein? Natürlich die leere."

„Aber Herr, es sind zwei Logen leer," sprach der arme Humorist demütig, „die Proszenniumsloge und die eine oben bei der Galerie."

„Tölpel, sehe ich wie Jemand aus, der sich mit einer Loge unter der Decke begnügt? Geht auf Euren Posten zurück, Herr — ich werde die Loge schon selber finden — der Himmel sende Euch Weis= heit — geht zurück, sonst schleicht sich Jemand in Eurer Abwesenheit ein, und das würde Euch recht ge= schehen."

Der kleine Mann, froh dieser überwältigenden Persönlichkeit zu entgehen, schlich halb betäubt zurück. Ein paar Minuten später stolzierte Manasse in die leere Loge, gefolgt von Jankele, dessen Mund ein einziges Grinsen und dessen Augen ein einziges Blinzeln waren. Gerade als der Spanier sich auf seinen Sitz niederließ, erhob sich ein leichtes Klatschen und Stampfen, da das Haus das Ende des Zwischenaktes ungeduldig erwartete.

Manasse steckte den Kopf zur Loge hinaus, um sich das Publikum anzusehen; dieses, über jede Ablenkung erfreut, reckte sich ebenfalls, um ihn zu sehen, und einige Leute, die sich einbildeten, daß das Beifallklatschen dem neuen Ankömmling galt, dessen Kopf der eines vornehmen Fremden zu sein schien, klatschten mit.

Das Contagium verbreitete sich, und im Nu war Manasse der Zielpunkt aller Augen und der offenbare Empfänger einer Ovation. Er verbeugte sich zwei oder drei Mal mit ruhiger Würde.

Es gab auch Einige, die ihn erkannten, aber sie stimmten mit belustigtem Erstaunen in den Empfang ein.

Inderthat, nicht wenige unter den Zuhörern waren Juden, denn Goodmansfields war das Ghettotheater. Die Zuhörer, zumeist Deutsche und Polen, kamen wie eine glückliche Familie in das kleine, unelegante Theater. Rangunterschiede wurden nicht beachtet und die Galerie verkehrte mit den Rangsitzen, das Parterre fraternisierte mit den Logen. Auf den Bänken wurden Soupers abgehalten.

In der Parterreloge saß steif eine nach der neusten Mode gekleidete, stattliche Jüdin; sie trug ein Kleid aus beflittertem indischem Mousselin, ein Halsband und einen Halbmond aus Diamanten und ihr Kopf war mit Terrassen von Locken und Blumen gekrönt.

„Betsy," rief eine joviale Frauenstimme aus dem Parterre herauf, nachdem der Applaus nachgelassen hatte. Betsy rührte sich nicht, aber ihre Wangen wurden rot und heiß. Sie war in der Welt vorwärts gekommen und hatte keine Lust, die alte Kameradin zu erkennen.

„Betsy,“ wiederholte die Frau, die es gut meinte, „ich und Du sollen so leben, Du mußt ein Stück von meinem Fisch kosten.“ Und sie hielt ein schönes, gebräuntes Stück kalte Scholle in die Höhe.

Betsy zog sich zurück, indem sie sich ohne Erfolg bemühte, ahnungslos auszusehen. Zu ihrer Erleichterung ging der Vorhang in die Höhe, und das Schloßgespenst begann zu spuken.

Jankele, der kaum je etwas Anderes gesehen hatte, als Dilettanten=Vorstellungen, welche die Niederlage des bösen Haman und den Sieg der Königin Esther darstellten (eine Rolle, die er einst selbst in den alten Kleidern seiner Mutter gespielt hatte), war von den gruseligen und schrecklichen Vorgängen in dem Gespensterspuke ganz entzückt. Erst nach Schluß des zweiten Aktes quoll die Erregung, in die die schöne, aber beleidigte Heldin ihn versetzt hatte, wieder in das Gespräch über das Heiraten über.

„Wirklich, das ist ein herrlicher Abschluß des heitigen Abends,“ sagte er.

„Es freut mich, daß es Euch gefällt. Es ist wirklich eine schöne Vorstellung,“ antwortete Manasse mit majestätischer Befriedigung.

„Und Euere Tochter Deborah?" wagte sich Jankele schüchtern hervor, „geht die auch manchmal ins Theater?"

„Nein, ich führe meine Frauenzimmer nicht herum, ihre Pflichten sind zu Hause. Wie es geschrieben steht, nenne ich mein Weib nicht „Weib", sondern Heim!"

„Aber bedenkt doch nur, wie sie sich möchten unterhalten."

„Wir sind nicht auf der Welt, um uns zu unterhalten."

„Wahr, wahr," sagte Jankele und machte ein verschmitztes Gesicht. „Wir sind auf der Welt, um dem Gesetze Gottes zu gehorchen, aber erinnert mich nicht daran, daß ich bin ein Sünder in Israel."

„Wieso?"

„Ich bin fünfundzwanzig Jahr alt und habe noch kein Weib."

„In Polen hattet Ihr wohl einige."

„Bei meinem Leben, nein. Blos ein einziges und dem gab ich Get (Scheidebrief) wegen Kinderlosigkeit. Ihr könnt an den Rabbi meiner Stadt schreiben."

„Warum sollte ich schreiben? Es geht ja mich nichts an."

„Ach, ich möchte, daß es Euch etwas angeht."

Manasse starrte ihn an. „Fangt Ihr schon wieder damit an?" murmelte er.

„Glaubt mir, ich möchte weniger Euere Tochter zur Frau, als Euch zum Schwiegervater."

„Es kann nicht sein," murmelte Manasse etwas milder.

„Ach, wäre ich doch," sagte Jankele mit einem hoffnungslosen Stöhnen, „als ein Sephardt auf die Welt gekommen!"

„Jetzt ist es zu spät," antwortete Da Costa besänftigend.

„Zur Besserung ist es nie zu spät, sagen die Leute hier," stöhnte der Pole. „Giebt es denn gar kein Mittel? Kann ich nicht werden ein spanischer Jude? Ich könnte mit Leichtigkeit das Hebräische so aussprechen, wie Ihr."

„Unser Judentum weicht von dem Eurigen nicht wesentlich ab — es ist nur eine Frage des Blutes; das Blut kann man nicht ändern. Wie es geschrieben steht: Und das Blut ist das Leben."

„Ich weiß, ich weiß, ich schaue zu hoch hinaus. O, warum seid Ihr geworden mein Freund? Warum habt Ihr mir eingeredet, daß Ihr mich liebt — so daß ich an Euch denken muß, Tag und Nacht — und jetzt, wenn ich Euch bitte, mein Schwiegervater zu werden, sagt Ihr, es kann nicht sein. Ihr stoßt mir ein Messer ins Herz! Denkt nur, wie stolz und glücklich ich wäre, wenn ich Euch Schwiegervater nennen könnte. Mein ganzes Leben würde Euch gehören — mein einziger Gedanke wäre es, eines solchen Mannes würdig zu sein."

„Ihr seid nicht der Erste, dem ich einen Korb geben mußte," sagte Manasse mit Rührung.

„Was hilft das mir, wenn es noch andere Schlemihls giebt?" rief Jankele schluchzend. „Wie kann ich leben, wenn Ihr nicht mein Schwiegervater werdet?"

„Es thut mir leid — mehr leid als je zuvor."

„Da liebt Ihr mich doch! Ich werde die Hoffnung noch nicht aufgeben, ich werde Euer Nein nicht für eine Antwort nehmen. Was liegt denn an diesem Blut, daß es trennen sollte Juden von Juden? Daß es mich hindern sollte, zu werden der Schwiegersohn des einzigen Mannes, den ich je geliebt habe? Nein, er= laubt mir, noch einmal anzufragen — in einem Mo= nat oder in einem Jahr — sogar zwölf Monate werd' ich warten, wenn Ihr mir nur versprecht, Euch nicht mit einem Anderen zu versprechen."

„Aber wenn ich Euer Schwiegervater werden würde — merkt auf, ich sage nur „wenn" — dann würde ich nicht nur Euch nicht ernähren, sondern Ihr müßtet auch meine Deborah ernähren."

„Und wenn?"

„Aber Ihr seid ja nicht imstande, eine Frau zu ernähren.“

„Nicht imstande? Wer hat Euch das gesagt?“ rief Jankele empört.

„Ihr selbst! Als ich zuerst mit Euch befreundet ward, sagtet Ihr mir, daß Ihr blutarm wäret.“

„Das habe ich Euch gesagt als ein Schnorrer. Aber jetzt spreche ich zu Euch als ein Freier.“

„Das ist wahr,“ gab Manasse zu. Er vermochte den Unterschied sofort zu würdigen.

„Und als ein Freier sage ich Euch, daß ich kann schnorren genug, um zwei Weiber zu ernähren.“

„Sagt Ihr das zu Da Costa, dem Vater, oder zu Da Costa, dem Schadchen?“

„Pst,“ erklang es von allen Teilen des Hauses, da der Vorhang aufging, und das Haus sich zum Zuhören anschickte. Aber Jankele stand mit dem Stück nicht mehr in Rapport; das Gespenst gruselte und die Heldin rührte ihn nicht mehr.

Sein Geist war fieberhaft geschäftig, sein Einkommen zusammenzurechnen, indem er jeden Pfennig, den er auf diese oder jene Weise erwerben konnte, zusammenscharrte. Er zog sogar ein zerknittertes Stück Papier und ein Bleistift heraus, schob sie aber rasch wieder in die Tasche, als er Manasses Blick begegnete.

„Ich hab vergessen,“ murmelte er entschuldigend. „Ich vergaß, daß es Schabbes ist, weil ich bin im Theater.“

Und er setzte seine Berechnungen im Kopfe fort; das war natürlich weniger Arbeit.

Als das Stück aus war, schritten die Schnorrer in die kalte Nachtluft hinaus.

„Ich hab ausgerechnet," hob Jankele eifrig im Vestibul an, „ich hab ausgerechnet, daß ich verdienen kann wenigstens hundertundfünfzig Pfund" — er hielt inne, um die Abschiedsverbeugung des kleinen Thürstehers zu erwiedern — „hundertundfünfzig Pfund jährlich."

„Wirklich?" sagte Manasse mit respektvollem Erstaunen.

„Ja, ich hab alles zusammengerechnet. Die Wohl=thätigkeit hat zehn Quellen —"

„Wie es geschrieben steht," unterbrach ihn Manasse salbungsvoll: „Mit zehn Worten wurde die Welt geschaffen, und zehn Generationen waren von Noah bis Abraham; zehn Prüfungen hatte unser Vater Abraham durchzumachen; zehn Wunder wurden für unsere Vorväter in Egypten und zehn auf dem Roten Meer gethan, und zehn Dinge wurden am Vorabend des Sabbat im Zwielicht geschaffen.‘ Und jetzt soll hinzugefügt werden: ‚Zehn gute Thaten bietet der Arme dem Reichen.‘ Fahrt fort, Jankele."

„Zuerst kommt meine Einnahme aus der Syna=goge — acht Pfund. Ich gehe wöchentlich einmal hin und bekomme eine halbe Krone.*)

*) Zweieinhalb Schillinge.

„Ist das alles? Unsere Synagoge giebt dreieinhalb Schillinge."

„Ach," seufzte der Pole sehnsüchtig, „hab ich nicht
gesagt, daß Ihr seid eine höhere Rasse?"

„Aber das macht nur sechseinhalb Pfund aus."

„Ich weiß — die andern dreißig Schillinge
rechne ich für Matzes und Gewürz. Dann bekomme
ich für Schulklopfen zehn Guineen."

„Halt, halt," rief Manasse, von plötzlichen
Gewissensbissen erfaßt. „Darf ich auch am Schabbes
Geschäftssachen anhören?"

„Gewiß, wenn sie zusammenhängen mit meiner
Heirat — das ist ja ein Gebot. Eigentlich reden
wir nur über das Gesetz."

„Ihr habt Recht. Fahrt also fort. Aber vergeßt nicht, selbst wenn Ihr zu beweisen vermögt,
daß Ihr genug zusammenschnorren könnt', um eine
Frau zu ernähren, so bedeutet das nicht, daß ich
mich binde, meine Einwilligung zu geben."

„Ihr seid schon wie ein Vater zu mir — warum
wollt Ihr nicht ein Schwiegervater sein? Nun, auf
jeden Fall, Ihr werdet mir einen Schwiegervater
finden," fügte er hastig hinzu, als er sah, daß Da
Costas Gesicht wieder finster wurde.

„Nein, nein, am Schabbes darf nicht von Ge-
schäften gesprochen werden," sagte Manasse ausweichend.
„Fahrt fort, Euer Einkommen aufzuzählen."

„Zehn Guineen für Schulklopfen. Ich hab zwanzig Kunden, die —"

„Wartet einen Augenblick, diesen Punkt kann ich nicht durchlassen."

„Warum nicht? Es ist ja wahr."

„Mag sein! Aber Schulklopfen ist eine aus= gesprochene Arbeit."

„Eine Arbeit?"

„Nun, wenn es keine Arbeit ist, früh morgens auf= zustehen, an die Thüren von zwanzig Frommen zu klopfen und sie zum Morgengottesdienst zu wecken, dann ist auch der christliche Glöckner ein Bettler. Nein, nein, ein Einkommen aus dieser Quelle kann ich nicht als rechtmäßig betrachten."

„Aber die meisten Schnorrer sind ja Schulklopfer."

„Die meisten Schnorrer sind Minjanleute und Tillimsager," entgegnete der Spanier verächtlich. „Ich aber nenne das eine Erniedrigung. Was, für ein Trinkgeld dem Gottesdienste beiwohnen! Für Lohn unsern Schöpfer anbeten! Ein Beten unter solchen Bedingungen heißt Arbeiten." Seine Brust schwoll vor Stolz und Verachtung.

„Ich kann das nicht nennen Arbeit," protestierte Jankele. „Wenn das wahr wär, könnt man ja auch sagen, daß der Vorsänger arbeitet? Oder der Prediger? Ei, ich rechne vierzehn Pfund jährlich für meine Dienste als Minjanmann."

„Vierzehn Pfund? So viel?"

„Ja, seht Ihr, ich hab außer der Synagoge auch meine Privatkunden. Wenn in einem Hause ein Trauerfall ist, können sie nicht immer zehn Freunde zum Beten zusammenbringen, und da rufen sie mich. Wie könnt Ihr das Arbeit nennen? Es ist ja nichts als Freundschaft. Und je mehr sie mir bezahlen, desto mehr Freundschaft fühl ich für sie," fügte Jankele blinzelnd hinzu. „Außerdem giebt mir die Synagoge eine Kleinigkeit extra fürs Totenansagen."

In jenen primitiven Zeiten, da kein Mensch noch von einer Tages = Zeitung träumte, wurde die tägliche Totenliste von einem zu Fuße gehenden Schnorrer veröffentlicht, der im Ghetto herumging und mit einer Büchse rasselte — einer kupfernen Geldbüchse mit einem Griff und einem Deckel, der mit einem Schloß versehen war. Wenn die Neugierigen dieses Totengerassel hörten, blieben sie stehen und fragten den Schnorrer: „Wer ist gestorben?"

„Der und der, den so und so — Begräbnis an dem und dem Tage — Trauergottesdienst zu der und der Stunde," antwortete der Schnorrer, und der Fragesteller steckte fromm etwas in die „Büchs," wie sie genannt wurde. Das Eingesammelte wurde der Chewra Kadischa, dem Begräbnisverein übergeben.

„Vielleicht nennt Ihr auch das arbeiten?" schloß Jankele in schüchtern herausforderndem Tone.

„Natürlich, wie nennt Ihr es denn?"

„Leibesbewegung. Es erhält mich gesund. Einmal sagte einer meiner Kunden, bei dem ich jede Woche eine halbe Krone bekam, er hätte es satt, daß ich jeden Freitag käme und sie mir abholte. Er wollte sich ausgleichen für sechs Pfund jährlich, aber ich wollte es nicht annehmen."

„Aber das war ein sehr billiges Angebot; er zog nur zehn Schillinge als Interessen von seinem Gelde ab."

„Daran lag mir auch nichts, aber ich wollte ein Pfund mehr für die Entziehung meiner Leibesbewegung, und das wollte er nicht zahlen; so giebt er mir noch immer jede Woche eine halbe Krone. Manche von diesen wohlthätigen Leuten sind schrecklich geizig. Aber was ich sagen wollte: Ich trag die Büchs zumeist in den Straßen herum, wo meine Kunden sind. Das verbessert meine Stellung als Schnorrer."

„Nein, nein, das ist eine Täuschung. Was, seid Ihr so schwachsinnig, um das zu glauben? Alle Menschenfreunde sagen das natürlich. Aber Ihr wißt doch sicherlich, daß schnorren und arbeiten nie miteinander vermengt werden dürfen. Zweien Herren kann man nicht dienen; man muß seinen Beruf wählen und dabei bleiben. Ein Freund von mir folgte einst dem Rat der Philanthropen, statt mich um den meinen zu fragen. Er besaß eines der besten

Provinzgeschäfte im Königreich, war aber so schwach,
in jeder Stadt auf die Vorhaltungen der Gemeinde=
vorsteher zu hören, die ihm Arbeit predigten, und zu=
letzt legte er thatsächlich seine jahrelangen Ersparnisse
in Juwelen an und versuchte, mit ihnen hausieren zu
gehen. Die Vorsteher kauften alle etwas, um ihn zu
ermutigen, obwohl sie den Preis so herabbrückten,
daß er keinen Profit dabei hatte, und Alle sprachen
ihre Freude darüber aus, daß er arbeite und eine
männliche Unabhängigkeit zeige. „Aber ich schnorre
auch," erinnerte er sie, indem er die Hand ausstreckte,
als sie mit ihren Reden fertig waren. Es war umsonst,
keiner wollte ihm einen Heller geben. Er hatte sich
geirrt, und dagegen half nichts mehr. Mit einem
Schlage hatte er sich die einträglichsten Verbindungen
zerstört, die je ein Schnorrer hatte, ohne daß er das
Geringste für den guten Willen bekam. Wenn Ihr
Euch also von mir leiten lassen wollt, Jankele, so
werdet Ihr den Philanthropen niemals helfen, Euch
zu ernähren. So etwas zerstört ihre Befriedigung.
Ein Schnorrer kann niemals vorsichtig genug sein.
Und dann, wo zieht man die Grenze, wenn man ein=
mal zu arbeiten anfängt?"

„Aber, Ihr seid ja selbst ein Schadchen," sagte
Jankele unvorsichtig.

„Das," donnerte Manasse mit zorniger Stimme,
„das ist keine Arbeit! Das ist ein Vergnügen."

„Ei, seht nur, da ist ja Henry Simons," rief Jankele in der Hoffnung, seine Aufmerksamkeit abzulenken; aber er machte die Sache nur noch schlimmer.

Henry Simons war ein Mann, der abwechselnd der jüdische Seiltänzer, Harry der Tänzer und der Gauklerjude genannt wurde. Er sollte später als Held eines Skandalprozesses berühmt werden, der England mit Pamphleten für und wider überschwemmte, aber vorläufig hatte er die Gefühle seiner Mitschnorrer verletzt, indem er sich nach einer Richtung entfaltete, die so selten war, daß sie auf die Vermutung einer Taufe brachte.

Jetzt stand er da und machte, von einer Menge umgeben, Gaukler und Taschenspielerkünste. Es war eine seltsame Gestalt; ein Sammetkäppchen, aus dem ein paar Haarbüschel hervorhingen, saß auf seinem Kopf und ein scharlachrotes Taschentuch steckte in seinem Gürtel. Sein Gesicht war ein olivenfarbenes, von einem zerrauften Bart umgebenes Oval, das den Stempel der Schwermut trug.

„Da seht Ihr, wozu die Arbeit führt", rief Manasse. „Sie verlockt einen, auch am Schabbes zu arbeiten. Jener Ketzer entweiht den heiligen Tag. Kommt fort! Nein, entschieden gebe ich meine Tochter weder einem Arbeiter noch einem Schnorrer, der unrechtmäßige Einnahmen hat."

„Aber es sind ja doch Einnahmen," beharrte Jankele.

„Ja, heute; aber morgen? Sie sind nicht sicher. Jede Arbeit ist schon an und für sich unsicher. Ein Geschäft kann jeden Augenblick zu Grunde gehen. Die Leute können weniger fromm werden und dann verliert Ihr Euer Schulklopfen — oder frömmer, und dann brauchen sie keine Minjan-Leute.

„Aber es entstehen doch immer neue Synagogen," warf Jankele ein.

„Neue Synagogen sind noch voll Begeisterung," entgegnete Manasse. „Die Mitglieder sind ihre eigenen Minjan-Leute."

Jankele schmunzelte schelmisch. „Ja, zuerst, aber der Schnorrer wartet seine Zeit ab," gab er zu.

Manasse schüttelte den Kopf.

„Schnorren ist die einzige Beschäftigung, die das ganze Jahr geht," sagte er. „Alles andere kann zu Grunde gehen — die großen Handelshäuser können fallen, wie es geschrieben steht: „Er demütigt die Stolzen". Aber der Schnorrer ist immer sicher; mag fallen, wer will, es bleiben immer genug übrig, die für ihn sorgen. Wenn Ihr ein Vater wäret, würdet Ihr meine Gefühle verstehen. Wie kann jemand das künftige Glück seiner Tochter auf einer so unsicheren Grundlage aufbauen, wie die Arbeit ist! Nein, nein!

Was verdient Ihr durch das Besuchen der Privat=
häuser? Davon hängt alles ab.“

„Fünfundzwanzig Schillinge wöchentlich.“

„Wirklich?“

„So wahr wie das Gesetz Moses! In Sixpence,
Schillingen und halben Kronen. In Houndsditch
allein gehören mir zwei Straßen, mit Ausnahme von ein
paar Häusern.“

„Aber sind die auch sicher? Es wird viel um=
gezogen. Straßen, die einmal gut waren, nehmen ab.“

„Diese fünfundzwanzig Schillinge sind so sicher
wie Mocattas Geschäft. Ich habe zu Hause alles
notiert — Ihr könnt die Bücher einsehen, wenn Ihr
wollt.“

„Nein, nein,“ sagte Manasse mit einer großartigen
Bewegung des Stockes. „Wenn ich Euch nicht glauben
würde, würde ich Euren Antrag auch nicht einen
Augenblick erwägen. Es freut mich außerordentlich,
daß Ihr dieser Branche soviel Aufmerksamkeit widmet.
Ich war immer der Meinung, daß die Reichen in
ihrem eigenen Heim besucht werden sollen, und es
kränkt mich zu sehen, daß diese persönliche Berührung,
dieser Kontakt mit den Leuten, denen man die guten
Thaten verschafft, von leblosen Zirkulären ersetzt wird.
Man ist es seiner Lebensstellung schuldig, den
wohlhabenden Klassen Gelegenheit zur unmittelbaren

Wohlthätigkeit zu geben; sie sollten nicht vernach=
lässigt und ebenfalls dazu getrieben werden, kalt=
blütig Checks zu schreiben. Dadurch geht das ganze
menschliche Mitgefühl verloren, das aus persönlichem
Verkehr entsteht — wie es geschrieben steht: „Wohl=
thätigkeit erlöst vom Tode". Glaubt Ihr, daß ein
Almosen, das öffentlich durch einen Sekretär gegeben
und in Jahresberichten angekündigt wird, eine so
große erlösende Kraft hat, wie dasjenige, das man
heimlich einem armen Mann in die Hand steckt, der
darauf bedacht ist, jedem Geber zu verheimlichen, was
er von den anderen erhalten hat?"

„Es freut mich, daß Ihr das Geldeinsammeln
nicht auch Arbeit nennt," sagte Jankele mit einem
Anflug von Sarkasmus, den Da Costa nicht verstand.

„Nein, solange wenigstens, als der Geber dafür
kein „Wert erhalten" vorweisen kann. Glaubt mir,
Jankele, in einem solchen Besuch liegt mehr Freund=
schaft, als wenn man in ein Trauerhaus geht, um für
ein Trinkgeld zu beten."

„O," sagte Jankele peinlich berührt, „am Ende
wollt Ihr dann auch den Posten ‚Jahrzeiten' streichen?"

„Jahrzeiten? Was ist denn das?"

„Wißt Ihr das nicht?" sagte der Pole erstaunt.
„Wenn jemand Jahrzeit hat, so ist er an diesem
Tage wohlthätig gestimmt."

„Meint Ihr, wenn er den Jahrestag des Todes eines seiner Familienmitglieder feiert? Wir Sephardim nennen das ‚Jahrmachen‘! Aber habt Ihr in Eurer Synagoge genug Jahrzeiten, wie Ihr es nennt?“

„Es könnten mehr sein — ich verdiene damit nur fünfzehn Pfund. Unsere Kolonie ist, wie Ihr selbst sagt, zu jung. Der Friedhof ist so leer wie die Synagoge an Wochentagen; die Väter haben zurückgelassen ihre Väter auf dem Kontinent und haben gehalten viele Jahrzeiten außerhalb des Landes; aber in ein paar Jahren müssen viele Väter und Mütter hier absterben, und jeder Vater wird lassen zurück zwei oder drei Söhne, die Jahrzeit halten müssen, und jedes Kind zwei oder drei Brüder und einen Vater. Außerdem kommen jeden Tag immer mehr deutsche Juden — so sterben immer mehr und mehr. Wirklich, es wäre nur recht und billig, diesen Posten zu verdoppeln.“

„Nein, nein, haltet Euch an Thatsachen. Es ist gottlos, auf das Unglück der Nebenmenschen zu spekulieren.“

„Damit ich leben kann, muß jemand sterben,“ sagte Jankele schelmisch. „Die Welt ist einmal so beschaffen. Habt Ihr nicht auch zitiert: „Wohlthätigkeit befreit vom Tode?“ Wenn die Menschen ewig leben würden, könnten Schnorrer gar nicht leben.“

„Still, die Welt könnte ohne Schnorrer nicht bestehen. Wie es geschrieben steht: „Und Reue,

Gebet und Wohlthätigkeit wenden das böse Verhängnis
ab." Die Wohlthätigkeit steht zuletzt — es ist das
Höchste, das Größte auf der Welt. Und der Schnorrer
ist der größte Mann auf Erden, denn es steht im
Talmud geschrieben: „Wer verursacht, ist größer als
wer ausführt." Darum ist der Schnorrer, der die Wohl=
thätigkeit verursacht, größer als der, der sie ausübt."

„Wenn man den Wolf nennt" — sagte Jankele,
dem es schwer ward, seine ernste Miene zu bewahren,
wenn Manasse großartig und schwülstig wurde. „Da
kommt Grünbaum, dessen Vater gestern begraben wurde.
Kommt, wir wollen zufällig hinübergehen und ihm
wünschen ein langes Leben."

„Grünbaum tot! War das der Grünbaum von
der Börs', der es so schändlich mit den Frauen=
zimmern trieb?"

„Jawohl, derselbe," sagte Jankele. Dann näherte
er sich dem Sohne und rief: „Gut Schabbes, Herr
Grünbaum, ich wünsch Euch langes Leben. Was für
ein Schlag für die Gemeinde!"

„Es ist mir ein Trost, das zu hören," sagte der
Sohn mit Thränen in der Stimme.

„Ach ja," sprach Jankele erstickt, „Euer Vater
war ein großer und guter Mann — gerade meine
Größe."

„Ich habe sie schon Baruch, dem Glaser, weg=
geschenkt," antwortete der Leidtragende.

„Aber er hat ja ein Glasergeschäft," remonstrierte Jankele. „Ich hab nichts als die Kleider, die ich auf dem Leibe trag, und sie passen mir nicht halb so gut, wie die Eures Vaters mir gepaßt hätten."

„Baruch ist sehr unglücklich," antwortete Grün= baum zu seiner Verteidigung. „Es ist ihm im Winter ein Unglück zugestoßen, von dem er sich noch nicht erholen konnte. Eines seiner Kinder starb, und zwar unglücklicherweise zur Zeit des Schneeballwerfens, so daß er durch die Trauer sieben Tage verlor." Und Grünbaum schritt weiter.

„Habe ich Euch nicht gesagt, daß Arbeit etwas Unsicheres ist?" rief Manasse.

„Nicht alle," behauptete der Schnorrer hartnäckig. „Was is mit die sechs Guineen, die ich mir verdiene, indem ich den Frauen, die nicht in die Synagoge gehen können, am Laubhüttenfest die Palmzweige zum Schütteln ins Haus trage und indem ich zu Neujahr für dieselben Frauen Schofar blase, damit sie aufhören können zu fasten?"

„Der Betrag ist zu klein, um darüber zu streiten. Fahrt fort."

„Dann kommt noch ein kleiner Betrag, gerad die Hälfte, — den hab ich von den Geschenken, die die Armen am Purim und von den „Bräutigamen der Thora" am Freudenfeste der Thora bekommen. Und von dem Verkauf der Kleider, die mir geschenkt werden,

hab ich etwa viereinhalb Pfund jährlich. Dann be=
komm ich eine Menge Mahlzeiten umsonst — das
hab ich ausgerechnet, macht soviel wie sieben Pfund,
und schließlich kann ich die verschiedenen Extraeinkünfte
nicht unter zehn Guineen rechnen. Ihr wißt, es giebt
immer Vermächtnisse, Stiftungen, Verteilungen, lauter
unerwartete Dinge. Man weiß nie, was sich treffen
kann."

„Ja, ich glaube selbst, das ist kein zu hoher
Prozentsatz des Einkommens, den man aus unerwarteten
Quellen erwarten kann," gab Manasse zu. „Ich selbst
habe oft vor der Börse oder vor Sampsons Kaffeehaus
gestanden, gerade wenn die Börsianer einen besonderen
Streich gemacht hatten, und dann gaben sie mir ziem=
lich hohe Prozente von ihrem Profit."

„Und ich," prahlte Jankele, zu edlem Wetteifer an=
gestachelt, „habe aus Gideon, dem Goldbarrenhändler,
in einer Minute zwei Sovereigns herausgezogen. Er
liebt es, Schnorrern einen Sovereign zu geben statt
eines Schillings, um zu sehen, was sie nun thun
werden. Die Narren laufen davon oder gehen langsam
weg, als hätten sie nichts gemerkt oder stecken das
Geld rasch in die Tasche. Aber die Klugen sagen, daß
er sich geirrt habe, und dann giebt er ihnen einen
zweiten Sovereign. Bei Gideon währt Ehrlichkeit
am längsten. Dann ist der Rabbi de Falk, der
Baal=Schem, der große Kabbalist. Wenn —"

„Aber die hundertfünfzig Pfund jährlich sind noch nicht voll," fiel Manasse ungeduldig ein.

Jankeles Gesicht wurde lang. „Natürlich nicht, wenn Ihr so viele Posten streicht."

„Nein, aber selbst wenn ich alle Posten stehen lasse, beträgt es nur hundertdreiundvierzig Pfund, neunzehn Schillinge."

„Unsinn," sagte Jankele verblüfft. „Wie könnt Ihr dies so genau wissen?"

„Glaubt Ihr, daß ich nicht einfach addieren kann?" entgegnete Manasse streng. „Lauten Eure zehn Posten nicht folgendermaßen?

1. Jahrgeld der Synagoge mit Ostergeschenken	8	Pfd.	
2. Schulklopfen	10	„	
3. Schnorren in Häusern . .	65	„	
4. Als Minjanmann und Totenbüchsenträger	14	„	
5. Jahrzeiten	15	„	
6. Trinkgeld für Palmzweigschütteln und Schofarblasen	6	„	8 Schilling
7. Purimgeschenke ꝛc.	3	„	3 „
8. Verkauf von Kleidern . . .	4	„	10 „
9. Gleichwert von Freitischen .	7	„	
10. Unerwartetes, Vermischtes .	10	„	

143 Pfd. 19 Schilling.

Das könnte ein Kind zusammenaddieren," schloß Manasse streng.

Da Costas wunderbares Gedächtnis und arithmetisches Genie zwangen Jankele wirklich Respekt ab und machten ihn ganz konsterniert, aber er faßte sich sofort.

„Natürlich, ich hab gerechnet auf eine Mitgift mit meiner Braut, wenn es auch nur hundert Pfund sind."

„In Staatspapieren angelegt, würde Euch das nicht mehr als vier Pfund bringen," antwortete Manasse sofort.

„Das Uebrige werde ich in Freitischen hereinbringen," antwortete Jankele nicht weniger rasch. „Denn wenn ich Euch Eure Tochter abnehme, werdet Ihr imstande sein, mich öfter zu Tische zu laden, als jetzt."

„Durchaus nicht," entgegnete Manasse, „denn jetzt weiß ich, wie gut es Euch geht, und werde nicht glauben, daß ich Euch eine Wohlthat erweise."

„O, doch, doch," sagte Jankele schmeichelnd, „Ihr seid zu sehr ein Ehrenmann, um Euch zu werten als Menschenfreund, was ich dem Schadchen, dem Schwiegervater und dem Schnorrer erzählt hab. Außerdem werd ich bei Euch den Freitisch haben als Schwiegersohn, nicht als Schnorrer."

„Wegen dieser Verwandtschaft werde ich auch bei Euch Freitisch haben," entgegnete Manasse.

„Ich hätte nie gewagt, zu denken, daß Ihr mir erweisen würdet diese Ehre, aber selbst in diesem Falle könnte ich Euch nicht so gute Mahlzeiten vorsetzen wie ihr mir. Ich werde also im Vorteil sein."

„Das ist wahr," sagte Da Costa nachdenklich. „Aber Ihr seid noch immer mit einer Guinee im Rückstand."

Nun endlich war Jankele in die Enge getrieben, aber ohne merkliche Pause entgegnete er: „Ihr vergeßt das, was ich durch meine Frömmigkeit erspare. Ich faste zwanzigmal im Jahre, und sicherlich ist das wenigstens noch eine Guinee jährlich."

„Aber Ihr werdet Kinder haben," entgegnete Da Costa.

Jankele zuckte die Achseln.

„Das ist Gottes Sache. Wenn er sie schickt, wird er auch für sie sorgen. Ihr dürft übrigens nicht vergessen, daß bei Eurer Tochter die Mitgift nicht nur mit hundert Pfund angesetzt werden darf."

„Gewiß, meine Tochter wird eine Mitgift haben, die ihrem Range ziemt," sagte Manasse mit seiner großartigsten Miene. „Aber ich habe sie mit einem König der Schnorrer verheiraten wollen."

„Schön. Aber wenn ich sie heirate, werde ich einer sein."

„Wieso?"

„Ich werde dann Eure Tochter geschnorrt haben, das kostbarste auf der Welt! Und werde sie einem König der Schnorrer abgeschnorrt haben!! Und oben=drein werde ich Eure Dienste als Schadchen geschnorrt haben!!!

---

4. Kapitel.
Zeigt, wie die königliche Ehe geschlossen ward.

Manasse Bueno Barzillai Azevedo Da Costa war von dem letzten Argument des Mannes, der sein Schwiegersohn werden wollte, so betroffen, daß er eine volle Minute lang schweigend erwog. Als er ant=wortete, lag in seinem Tone noch mehr Respekt als vorher bei der Aufzählung der Einkünfte des Be=werbers.

Manasse gehörte nicht zu jenen, für die Geld ein Fetisch ist; er betrachtete es blos als etwas, was man bekommen kann, wenn man darum bittet. Seine Be=wunderung galt nur dem Verstand. Dieser war im strengsten Sinne des Wortes nicht zu übertragen.

„Es ist wahr," sagte er, wenn ich Eurer Zu=dringlichkeit nachgeben und Euch meine Tochter geben würde, so hättet Ihr Euch dadurch als einen König der Schnorrer erwiesen, dessen Rang zu dem Range meiner Tochter paßt; aber wenn man Euer Argument untersucht, so stellt sich heraus, daß Ihr die Sache als bewiesen voraussetzt."

„Was wollt Ihr denn noch für Beweise von meinen Bettlerfähigkeiten?" fragte Jankele, die Handflächen ausbreitend und die Achseln zuckend.

„Viel größere Beweise," antwortete Manasse. „Ich müßte ein Beispiel Eurer Fähigkeiten haben. Das einzigemal, als ich Euch schnorren sah, ist es Euch mißlungen."

„Mir? Wann?" rief Jankele empört.

„Heute Abend — als Ihr den jungen Grünbaum um die Kleider seines toten Vaters batet."

„Aber er hatte sie ja schon weggeschenkt," protestierte der Pole.

„Was macht das? Wenn jemand meine Kleider weggeschenkt hätte, würde ich Entschädigung verlangt haben. Jankele, wenn Ihr mein Schwiegersohn sein wollt, dürft Ihr Euch solche abschlägige Antworten nicht gefallen lassen. Nein, nein, ich erinnere mich an den Ausspruch der Weisen: „Seine Tochter einem ungebildeten Manne geben, heißt sie gebunden einem Löwen hinwerfen."

„Aber Ihr habt auch gesehen, daß ich geschnorrt habe mit Erfolg," verwahrte sich der Bewerber.

„Nie," protestierte Manasse stürmisch. — „Oft." — „Bei wem?" — „Bei Euch," sagte Jankele kühn. — „Bei mir," höhnte Manasse, das Fürwort mit unendlicher Verachtung betonend. „Was beweist das? Ich bin ein freigebiger Mann. Die Probe besteht darin, einen Geizhals anzuschnorren." — „Gut, ich werde einen Geizhals anschnorren," verkündete Jankele verzweifelt. — „Ihr wollt es?" — „Ja, wählt Euch den Geizhals selber aus." — „Nein das überlasse ich Euch," sagte Da Costa höflich. — „Also gut, Sam Lazarus, der Fleischer." — „Nein, Sam Lazarus nicht; er gab einmal einem Schnorrer, den ich kenne, elf Pence." — „Elf Pence? murmelte Jankele ungläubig.

„Ja, er hatte keinen anderen Ausweg, einen Schilling zu wechseln. Er war nicht falsch, nur ganz verbogen, aber niemand wollte ihn nehmen, ausgenommen ein Schnorrer. Er ließ sich von dem Manne einen Pfennig zurückgeben. Freilich gab der Mann den Schilling später in Lazarus' Laden aus. Trotzdem würde ein richtiger Geizhals diesen verbogenen Schilling eher zu seinem Schatze gelegt haben, als den guten Pfennig."

„Nein," entgegnete Jankele. „Dabei wäre kein Unterschied, da man ihn nicht ausgeben kann."

„Das ist wahr," sagte Da Costa sinnend. „Aber dieser selbe Beweis zeigt, daß es nicht am schwersten ist, einen Geizhals anzuschnorren."

„Wie meint Ihr das?"

„Ist das nicht klar? Lazarus hat elf Pence weggegeben. Ein Geizhals, der nichts für sich selbst verbraucht, kann in Ausnahmefällen dazu bewogen werden, etwas wegzugeben. Nur wer sich selbst jeden

Luxus gönnt und nichts weggiebt, der ist am schwersten
anzuschnorren. Er hat eine Verwendung für sein Geld
— sich selbst! Wenn man seinen Schatz vermindert,
verletzt man ihn an seiner verwundbarsten Stelle —
man beraubt ihn leiblicher Genüsse. Einen solchen
anzuschnorren, würde ich für etwas Höheres und Edleres
halten, als einen bloßen Geizhals anzuschnorren."

„Scheen, nennt mir einen solchen."

„Nein, das überlasse ich Euch," sagte Manasse
abermals mit seiner stattlichen Verneigung. „Wen
Ihr wählt, der soll mir recht sein. Würde ich auch
nur daran denken, Euch zu meinem Schwiegersohn zu
machen, wenn ich mich nicht auf Euere Ehre verlassen
könnte?"

„Gut, so werde ich gehen zu Mendel Jakobs."

„Mendel Jakobs — oh nein! Der ist ja verheiratet! Ein Verheirateter kann nicht fortwährend
an sich selbst denken."

„Warum nicht? Ist eine Frau nicht auch ä
leiblicher Genuß? Vielleicht kommt sie auch billiger
zu stehen als eine Haushälterin."

„Wir wollen nicht darüber streiten. Mendel
Jakobs darf es nicht sein."

„Simon Kelutski, der Weinhändler?"

„Der? Der ist ja mit seiner Schnupftabaksdose
geradezu freigebig. Er hat mir selbst eine Prise angeboten; natürlich nahm ich sie nicht an."

7*

Jankele nannte noch verschiedene andere Namen, aber Manasse strich alle, und zuletzt hatte er eine eigene Inspiration.

„Habt Ihr nicht in Eurer Gemeinde einen Rabbi, dessen Knickrigkeit sprichwörtlich ist? Laßt mich nur nachdenken. Wie heißt er nur?"

„Ein Rabbi?", murmelte Jankele, wobei sein Herz vor Schrecken zu klopfen begann.

„Ja! Wie heißt er nur? Rabbi Bückling!"

Jankele schüttelte den Kopf. Vernichtung starrte ihm ins Antlitz. Seine schönsten Hoffnungen brachen zusammen.

„Ich weiß, es ist irgend ein Fischname. Rabbi Kabeljau. Nein, so heißt er nicht, es ist etwas mit Reue."

Jankele sah, daß es aus mit ihm war.

„Vielleicht meint Ihr den Rabbi Reue-Pöckel-häring?" sagte er schwach, denn die Stimme versagte ihm.

„Ach ja, Rabbi Reue-Pöckelhäring," sagte Manasse. „Nach allem, was ich höre — denn ich habe den Mann nie gesehen — ist das ein König der Fresser und Säufer, der schmutzigste Mensch von der Welt. Wenn Ihr bei dem ein Mittagessen bekommet, wäret Ihr inderthat ein König der Schnorrer zu nennen."

Jankele war bleich und zitterte. Ein glücklicher Gedanke kam ihm. „Aber er ist ja auch verheiratet!" rief er.

„Eßt bei ihm morgen zu Mittag," entgegnete
Manaſſe unerbittlich. „Er ſpeiſt am Sabbat beſonders
königlich. Erlangt Zutritt zu ſeinem Tiſch und Ihr
ſollt meiner Familie angehören."

„Aber Ihr kennt nicht den Mann — es iſt un=
möglich," rief Jankele.

„Das iſt die Ausrede eines ungeſchickten Schnorrers.
Ihr habt mein Ultimatum gehört. Kein Mittageſſen
— keine Frau. Keine Frau — keine Mitgift."

„Wie hoch würde dieſe Mitgift ſein?" fragte
Jankele zur Ablenkung.

„Oh großartig — ganz großartig. Zuerſt all das
Geld, das ſie von der Synagoge bekommt. Unſere
Synagoge giebt armen Bräuten eine beträchtliche Mit=
gift. Es beſtehen zu dieſem Zweck große Stiftungen."
Jankeles Augen glänzten.

„Ah, was für noble Leute ſeid Ihr Spanier."

„Dann würde ich wohl auch meinem Schwieger=
ſohn meinen ganzen Jeruſalemer Beſitz überlaſſen."

„Habt Ihr einen Beſitz im heiligen Lande?" fragte
Jankele.

„Oh, erſter Güte, mit unanfechtbaren Anſprüchen.
Außer dem würde ich Euch natürlich die eine oder die
andere Provinz in England überlaſſen."

„Was?" keuchte Jankele.

„Muß ich nicht?" ſagte Manaſſe gütig. „Bedenkt
doch mein eigen Fleiſch und Blut! So, ich bin zu

Hause. Es ist zu spät, um Euch noch zu bitten, hereinzukommen. Gut Schabbes, vergeßt nicht, morgen beim Rabbi Reue-Pöckelhäring zu Mittag zu essen."

„Gut Schabbes!" stammelte Jankele und schlich schweren Herzens heim nach Dinahs Buildings, Whitechapel, wo das Andenken an ihn noch bis auf den heutigen Tag fortlebt.

Rabbi Reue-Pöckelhäring war ein nichtoffizieller Prediger, der in Privathäusern Trauergottesdienste abhielt, da er eine schöne Gabe der Beredtsamkeit besaß. Er war ein großer, aufgedunsener Mann mit überhängendem Bauch und rotem Bart; sein geistlicher Trost rührte bis zu Thränen. Seine Kunden wußten, daß er in seinem Privatleben sich jede Befriedigung gönnte uud nur in Bezug auf Wohlthätigkeit enthaltsam war; aber sie verwechselten die Rollen nicht miteinandbr. Als Trauerredner befriedigte er alle Welt: er war pünktlich, ließ die Versammlung nicht warten und war sehr darin geübt, zu zeigen, daß „in Gilead noch immer Balsam" sei. Er zeigte das auf fünf Arten, und die Varianten hingen von Umständen ab. Wenn er den Verstorbenen, was häufig geschah, nicht gekannt hatte, so pflegte er im Korridor zu fragen: „War es ein Mann oder eine Frau? Ein Knabe oder ein Mädchen? Verheiratet oder ledig? Sind Kinder da? Kleine oder große?"

Wenn diese Fragen beantwortet waren, so war

er auch fertig. Er wußte genau, welche seiner fünf Trostpredigten er zu halten hatte — alle waren allgemein gehalten, und selbst wenn er die Antworten im Korridor mißverstanden hatte und sich dann über den Kummer der hinterlassenen Witwe eines verstorbenen Wittwers ausbreitete, war es nicht schlimm. Die paar unmöglichen Stellen konnten durch ein Mißverständnis der Zuhörerschaft erklärt werden. Manchmal — aber sehr selten — wagte er, ein paar zu der besonderen Gelegenheit passende Ergänzungssätze hinzuzufügen, aber er that das sehr behutsam; denn Jemand, der einen Ruf als Stegreifredner hat, kann sich nicht genug davor hüten, sich vom Augenblick hinreißen zu lassen.

Er hatte nur mit Leichenreden Glück; denn sein einziger Versuch, auf einer englischen Kanzel zu predigen, brachte ihm einen Spitznamen ein. Er hatte als Thema die „Reue" gewählt, das er wie folgt behandelte:

„Zum Beispiel, ging ich neulich über London-Bridge, als ich ein Fischweib mit einem Korb Pöckelhäringen dastehen sah. „Wie viel?" frage ich. „Zwei für dreieinhalb Pence," sagte sie. „Oh, das ist furchtbar teuer," sage ich. „Man bekommt drei für zwei Pence." Aber sie wollte sie für diesen Preis nicht hergeben, und ich ging weiter, indem ich mir dachte, daß ich auf der anderen Seite wohl eine andere Frau

mit eben so guten Pöckelhäringen treffen würde. Es
waren herrliche, fette Häringe, und das Wasser lief
mir im voraus im Munde zusammen. Aber als ich
auf der anderen Seite der Brücke angelangt war,
war kein anderes Fischweib zu sehen. Ich beschloß
daher, zu dem ersten zurückzugehen, denn eigentlich
waren die Häringe wirklich sehr billig, und ich hatte
nur ein bischen handeln wollen. Aber als ich zurück-
kam, hatte die Frau schon ausverkauft. Ich hätte
mir das Haar vor Aerger ausraufen können. Nun,
das nenne ich „Reue".

Seitdem wurde der Rabbi in der Gemeinde „Reue"
und „Pöckelhäring" genannt.

Die Vorliebe des Rabbi für konkrete Erläuterungen
abstrakter Ideen war jedoch nicht zu unterdrücken, und
eine gewisse Illustration der Wohlthätigkeit fand in
allen fünf Trostpredigten einen Platz:

„Wenn Ihr ein paar alte Hosen habt, schickt sie dem
Rabbi."

Rabbi Pöckelhäring selbst war jedoch wie · die
meisten Prediger alles, nur keine Personifikation der
Tugenden, die er predigte. Er lebte nobel — durch
die Noblesse anderer — aber niemand konnte sich
rühmen, von ihm einen Heller mehr bekommen zu
haben, als er schuldig war, während die Schnorrer
ihn einfach als eine Art von Bankrotteur ansahen.
Seinerseits grollte er auch der Welt, denn er bildete sich

ein, daß seine Arbeit zu gering belohnt ward. „Ich
bekomme so wenig, daß ich nicht leben könnte, wenn
nicht die Fasttage wären," klagte er bitter. Und inder=
that, die von der Religion gebotenen Fasttage waren
für ihn viel mehr wert, als für Jankele; seine Mahl=
zeiten waren so reichlich, daß seine Ersparnisse aus
dieser Quelle thatsächlich eine kleine Revenue bildeten.
Wie Jankele bemerkt hatte, war er verheiratet, und
seine Frau hatte ihm ein Kind geschenkt; aber es
starb im Alter von sieben Jahren, indem es ihm den
einzigen herben Kummer seines Lebens hinterließ. Er
war zu eifersüchtig, um während dieser finsteren Tage
einen Konkurrenz=Trostprediger zu rufen, und keine
seiner eigenen fünf Predigten schien für den Fall zu
passen. Es dauerte ein paar Monate, ehe er seine
Mahlzeiten wieder regelmäßig aß.

Niemals hatte Jemand, der nicht vom Gesetze
dazu berechtigt war, in seinem Hause eine Mahlzeit
bekommen. Obwohl seine Frau nur für zwei zu
kochen hatte, kochte sie gewöhnlich für drei, da sie
ihren Gatten nicht für eine Einheit ansah. Sich selbst
rechnete sie als Halbes.

Aus diesem Grunde sah Jankele in den Feiertags=
kleidern eines andern sehr verstimmt aus, als er sich
etwa eine Viertelstunde vor Mittag dem Hause des
Rabbi Pöckelhäring näherte, um dessen Sabbatmittag=
mahl zu teilen.

„Kein Mittagessen — keine Hochzeit", lautete Da Costas strenger Ukas. Was Wunder, daß das unerreichbare Mahl in seinen Augen die Großartigkeit eines Hochzeitsfestes annahm! Deborah Da Costas liebliches Gesicht quälte ihn wie eine Fata Morgana.

Es war ein frostiger Sabbat, aber noch eisiger war Jankeles Herz. Der Rabbi bewohnte in Steward-Street, Spitalfield, eine elegante Wohnung im Erdgeschoß. Vor dem Eingange befand sich ein Portal, ein hölzerner, von zwei Säulen getragener gothischer Spitzbogen. Während Jankele die drei hölzernen Stufen hinaufstieg, wobei er so schwer atmete, als wenn es dreihundert gewesen, und sich fragte, ob er auch nur jenseits der Thür gelangen würde, kam ihm der Gedanke umzukehren, friedlich zu Hause zu Mittag zu essen und Da Costa vorzuspiegeln, daß er bei dem Rabbi gespeist habe. Manasse würde es ja nicht erfahren — hatte er doch gar keinen Schritt unternommen, um sich zu vergewissern, ob er die Probe bestanden habe Eine solche Nachlässigkeit, dachte Jankele mit gerechter Empörung, verdiente eine gebührende Strafe. Aber andererseits erinnerte er sich, welches Vertrauen Manasse in ihn setzte; Manasse hielt ihn für einen Ehrenmann, und des Gönners Seelengröße erweckte in dem Parasiten ein Echo von Ritterlichkeit. Schauer des Edelmutes wie der Furcht überliefen ihn, während er klopfte. Er hatte kein Programm, sondern vertraute dem Zufall und dem Mutterwitz. Frau Pöckelhäring öffnete halb die Thür.

„Ich wünsche den Rabbi zu sehen," sagte er, einen Fuß in die Thüröffnung schiebend.

„Er ist beschäftigt," sagte die Frau, ein winziges, dünnes Geschöpf, das einst rundlich und hübsch gewesen sein mußte. „Er hat mit einem Herrn zu reden."

„O, ich kann warten."

„Aber der Rabbi wird bald zu Tisch gehen."

„Ich kann bis nach Tisch warten," sagte Jankele verbindlich.

„Aber der Rabbi sitzt lange bei Tisch."

„Thut nichts," sagte Jankele mit unverminderter Ruhe: „Je länger, desto besser."

Die arme Frau sah verblüfft aus. „Ich will es meinem Manne sagen," sprach sie zuletzt.

Jankele verlebte im Korridor einen ängstlichen Augenblick.

„Der Rabbi läßt fragen, was Ihr wollt," sagte sie, als sie zurückkehrte. — „Ich will mich trauen lassen," sagte Jankele mit einer Inspiration der Wahrheit. — „Aber mein Mann traut nicht." — „Warum nicht?" — „Er bringt den Familien nur Trost," erklärte sie naiv. — „Nun, ohne ihn kann ich nicht getraut werden," murmelte Jankele ärgerlich.

Die kleine Frau ging verblüfft zu ihrem Herrn und Gebieter zurück. Gleich darauf erschien Rabbi

Pöckelhäring sebst; Neugierde und Schlauheit funkelten in seinen Augen. Er trug auf dem Kopfe fromm ein Käppchen, sah aber trotzdem wie ein Feinschmecker aus.

„Gut Schabbes, Herr. Was höre ich? Ihr wollt Euch trauen lassen?" — „Das ist eine lange Geschichte," sprach Jankele. „Aber Eure gute Frau sagte mir, daß Euer Mittagessen schon fertig ist. Da darf ich Euch nicht aufhalten." — „Nein, bis dahin dauert es noch ein paar Minuten. Was wollt Ihr?" Jankele schüttelte den Kopf: „Ich darf Euch nicht hier in diesem zugigen Korridor aufhalten." — „Thut nichts, ich spüre den Zug nicht." — „Das ist gerade das Gefährliche. Ihr merkt es nicht, aber eines Tages packt Einen der Rheumatismus, und dann bereut man," sagte Jankele blinzelnd. „Euer Leben ist kostbar. Wer wird die Gemeinde trösten, wenn Ihr sterbt?"

Die Worte waren doppelsinnig, aber der Rabbi faßte sie auf schmeichelhafte Weise auf, und seine kleinen Augen glänzten. „Ich würde Euch hinein bitten, aber ich habe einen Besuch." — „Thut nichts," entgegnete Jankele. „Was ich Euch zu sagen habe, Rabbi, ist kein Geheimnis, jeder Fremde kann es hören." — „Ihr wollt Euch von mir trauen lassen?" murmelte der Rabbi noch immer unschlüssig. — „Ich bin gekommen, weil ich heiraten will," antwortete Jankele. — „Aber ich bin noch nie aufgefordert worden, jemanden zu trauen." — „Zur Besserung ist es nie zu spät, sagen sie hier." — „Sonderbar, sonderbar," murmelte der Rabbi sinnend. — „Was ist sonderbar?" — „Das Ihr gerade heute zu mir kommt. Aber warum geht Ihr nicht zu Rabbi Sandmann?" — „Rabbi Sandmann!" antwortete Jankele verächtlich. „Was hätte ich davon, wenn ich zu ihm ginge?" — „Warum?" — „Jeder Schnorrer geht zu ihm," sagte Jankele offenherzig. — „Hm," murmelte der Rabbi nachdenklich. „Nun vielleicht bietet sich hier eine Gelegenheit. Kommt also ins Zimmer. Ich kann ein paar Minuten mit Euch reden, wenn Euch wirklich nichts daran liegt, vor einem Fremden zu sprechen."

Er machte die Thür auf und ging in das Wohnzimmer voran.

Jankele folgte voll Wonne; die äußeren Festungswerke waren nun genommen, und sein Herz klopfte voll Hoffnung. Aber beim ersten Blick ins Zimmer taumelte er und wäre beinahe gefallen. Am Kamin stand mit dem Rücken gegen das Feuer, das ganze Zimmer beherrschend — Manasse Bueno Barzillai Azevedo Da Costa.

„Ah, Jankele, gut Schabbes," sagte Da Costa.

„G—gut Schabbes," stammelte Jankele.

„Wie, Ihr kennt einander?" rief der Rabbi.

„O ja," sagte Manasse. „Wie es scheint, ist es auch ein Bekannter von Euch."

„Nein, er ist gerade gekommen, um mich etwas zu fragen," antwortete der Rabbi.

„Ich glaubte, daß Ihr den Rabbi nicht kennt, Herr Da Costa," rief Jankele.

„Ich kannte ihn auch nicht. Erst vor einer halben Stunde hatte ich das Vergnügen, seine Bekanntschaft zu machen. Ich traf ihn auf der Straße, als er vom Morgengottesdienste nach Hause ging und er war so freundlich, mich zum Mittagessen einzuladen."

Jankele keuchte. Trotzdem Manasses Gebahren ihn heimlich amüsierte, gab es auch Augenblicke, da die ruhige Größe des Mannes ihn überwältigte und widerstrebend zur Bewunderung zwang. Wie ums Himmelswillen hatte der Spanier mit einem Schlage gesiegt?

Er sah auf den Tisch und bemerkte nun, daß er bereits gedeckt war und zwar für drei Personen. Er hätte dieser Dritte sein sollen. War es schön von Manasse, ihm derart zuvorzukommen? Natürlich hatte ein Vierter unendlich weniger Aussicht, eingeladen zu werden als ein Dritter — von der Teuerung der Lebensmittel gar nicht zu reden.

„Aber Ihr denkt doch nicht daran, zum Mittagessen zu bleiben?" erklärte er bestürzt.

„Ich habe mein Wort gegeben und will den Rabbi nicht beleidigen," sagte Manasse.

„O, es ist keine Beleidigung, keine Beleidigung," bemerkte Rabbi Pöckelhäring in herzlichem Tone.

„Ich könnte ebenso gut nach dem Mittagessen zu Euch hinüberkommen."

„Nach dem Mittagessen empfang ich nie," antwortete Manasse majestätisch. „Ich schlafe."

Der Rabbi wagte keinen weiteren Einwand zu erheben, wandte sich zu Jankele und fragte: „Nun, was ist's mit Eurer Heirat."

„Davon kann ich vor Herrn Da Costa nicht sprechen," antwortete Jankele, um Zeit zu gewinnen.

„Warum nicht? Ihr sagtet doch, daß jedermann zuhören könnte."

„Keine Spur; ich sagte, jeder Fremde kann zuhören, aber Herr Da Costa ist kein Fremder, er weiß zu viel von der Sache."

„Was sollen wir also thun?" murmelte der Rabbi.

„Ich kann bis nach dem Mittagessen warten," sagte Jankele gutmütig. „Ich schlafe nie."

Ehe der Rabbi antworten konnte, brachte seine Frau einen Braten herein und setzte ihn auf den Tisch. Ihr Gatte warf ihr einen bösen Blick zu, aber pünktlich wie eine Uhr und ebenso gedankenlos, brachte sie auch die schwarze Schnapsflasche herbei. Es war die Sache ihres Gatten, Jankele los zu werden; ihre Sache war es, das Mittagessen hereinzubringen. Hätte sie damit gezögert, so würde er ebenfalls getobt haben. Sie war nicht nur Gattin, sondern auch Mädchen für Alles.

Als Manasse Da Costa sah, wie vorgeschritten die Vorbereitungen waren, nahm er seinen Platz am Tische ein, und Frau Pöckelhäring, dem bedeutungsvollen Blicke ihres Gatten gehorchend, setzte sich am unteren Ende nieder. Der Rabbi selbst setzte sich auf den Ehrenplatz hinter dem Braten. Er legte stets selbst vor, denn er war der einzige, auf den er sich beim Austeilen verlassen konnte. Jankele blieb stehen. Der Geruch des Fleisches und der Kartoffeln erfüllte die Luft mit lockender Poesie.

Plötzlich blickte der Rabbi auf und bemerkte Jankele. „Wollt Ihr nicht unserm Beispiel folgen?" fragte er in verführerischem Tone.

Das Herz des Schnorrers fing an wild zu klopfen. Er legte eine Hand auf die Lehne des einzigen, noch übrigen Stuhles.

„Mit Vergnügen," sagte er ebenso liebenswürdig.

„Dann geht nach Hause und eßt Euer Mittagessen," sagte der Rabbi.

An Stelle des wilden Herzklopfens trat eine totenähnliche Stockung. Ein Schauer lief über Jankeles Rücken. Er warf einen flehenden Blick auf Manasse, der unergründlich vor sich hin kicherte.

„O, wie darf ich weggehen? Ihr habt ja dann keinen Dritten zum Benschen," sagte er in prophetisch vorwurfsvollen Tone. „Da ich schon einmal da bin, wäre es eine Sünd, nicht zu bleiben."

Der Rabbi war, da er in einer gewissen Verbindung mit der Religion stand, in die Enge getrieben; wenn sich eine solche Gelegenheit bot zur frommeren Art des Benschens, die die Anwesenheit dreier Männer erfordert, durfte er sie nicht zurückweisen.

„O, es soll mich freuen, wenn Ihr bleibt," sagte der Rabbi, „aber leider haben wir nur drei Fleischteller."

„O, bitte, die Schüssel genügt für mich."

„Also gut," sagte der Rabbi.

Mit dem früheren wilden Herzklopfen ergriff Jankele den vierten Stuhl und warf dem noch immer kichernden Manasse einen triumphierenden Blick zu.

Die Wirtin, die optischen Signale ihres Gatten mißverstehend, erhob sich und fischte aus der Tiefe eines Schrankes Messer und Gabel hervor. Der Wirt — weniger aus Unhöflichkeit, als aus lebenslänglicher Gewohnheit — häufte zuerst seinen eigenen Teller mit künstlich gefärbten Kartoffeln und Fleisch an und teilte dann den Rest zwischen Manasse und der kleinen Frau in ungleiche, ungefähr mit ihrer Größe übereinstimmende Portionen. Schließlich reichte er Jankele die leere Schüssel.

„Ihr seht, es ist nichts übrig geblieben," sagte er einfach. „Wir haben nicht einmal einen Gast erwartet."

„Wer zuerst kommt, mahlt zuerst," bemerkte Manasse mit einem sphynxartigen Ausdruck, während er über die Speisen herfiel.

Jankele saß erstarrt da; er stierte auf die Schüssel, und sein Gehirn war ebenso leer wie diese. Er hatte verloren. Ein solches Mittagessen war der blanke Hohn — so blank wie die Schüssel. Eine oder zwei Minuten saß er wie im Traume da, während die Musik der Gabel und Messer spöttisch in sein Ohr klang, und der köstliche Geruch seinen hungrigen Gaumen feuchtete. Dann schüttelte er seine Betäubung ab und sein ganzes Wesen spannte sich verzweifelt an, um eine Idee zu suchen. Manasse unterhielt sich mit seinem Wirt über neuhebräische Litteratur.

„Wir wollten in Grodno eine Zeitung gründen,“ sagte der Rabbi, „aber die Kapitalien —“

„Seid Ihr denn aus Grodno?“ fiel Jankele ein.

„Ja, ich bin von dort gebürtig, aber schon seit zwanzig Jahren von dort fort,“ murmelte der Rabbi. Er hatte den Mund voll und hörte nicht auf, Messer und Gabel zu gebrauchen.

„Ah, dann müßt Ihr ja der berühmte Maggid sein, von dem Alle erzählen,“ rief Jankele enthusiastisch. „Ich selbst kann mich nicht auf Euch erinnern, denn ich war damals ein Bub, aber Alle sagen, heutzutage giebt es keinen solchen Maggid mehr.“

„In Grodno hatte mein Mann eine Branntweinschenke,“ fiel die Wirtin ein.

Eine Viertelminute lang herrschte ein peinliches Schweigen. Zu Jankeles Erleichterung unterbrach es der Rabbi, indem er bemerkte: „Ja, aber der Herr (Ihr werdet verzeihen, wenn ich Euch so nenne, aber Euer Name ist mir nicht bekannt) meint zweifellos meinen Ruhm als Maggid-Wunderkind. Mit fünf Jahren predigte ich vor vielen Hunderten, und meine Behandlung der Bibelstellen, die Art und Weise, wie ich sie deutete, daß sie etwas anderes meinten, als sie sagten, entlockte selbst achtzigjährigen Greisen, die von der frühesten Kindheit an mit der Thora vertraut waren, Thränen. Es hieß, daß seit Ben Sira noch nie ein solches Wunderkind existiert hatte.“

„Aber warum habt Ihr es aufgegeben?“ fragte Manasse.

„Es hat mich aufgegeben,“ antwortete der Rabbi, indem er Gabel und Messer niederlegte, um einen alten Kummer zu erklären. „Ein Wunderkind kann nicht mehr als ein paar Jahre ziehen. Bis zu meinem neunten Jahre ging es noch immer, aber jedes Jahr wurde das Wunder geringer, und als ich dreizehn Jahr alt war, machte meine Barmizwah-Predigt nicht mehr Aufsehen, als die vieler anderer Knaben, denen ich die Reden geschrieben hatte. Ich bemühte mich noch einige Zeit, so knabenhaft als möglich zu bleiben, aber es war verlorene Müh. Mein Alter trug den Sieg über mich davon. Es steht ja geschrieben: „Ich war jung, und jetzt bin ich alt.“ Vergeblich verfaßte ich die beredtesten Predigten, die je in Grodno

gehört wurden, vergeblich hielt ich einen Kursus
über die Gefühle ab mit Erklärungen und Beispielen
aus dem täglichen Leben — das unbeständige Publikum
zog jüngere Kräfte vor. Darum gab ich es endlich
auf und verkaufte Schnaps."

„Ein Jammer, ein Jammer — nachdem Ihr
in der Thora berühmt gewesen seid," rief Jankele.

„Was soll man thun? Man bleibt nicht immer
ein Knabe," antwortete der Rabbi. „Ja, ich hatte
einen Branntweinladen. Das nenne ich Erniedrigung.
Aber in Gilead ist immer Balsam. Ich verlor bei
dem Geschäft so viel Geld, daß ich nach England aus=
wandern mußte, und hier ward ich, da ich nichts
anderes zu thun fand, wieder Prediger."

Er goß sich, das Wasser ignorierend, ein Glas
Schnaps ein.

„Ich habe von dem Schnapsladen nie etwas
gehört," sagte Jankele. „Er ist in Eurem früheren
Ruhm untergegangen."

Der Rabbi leerte sein Glas Schnaps, schnalzte
mit den Lippen und griff wieder zu Messer und
Gabel. Manasse langte nach der Flasche, die ihm
nicht angeboten worden war, und bediente sich reich=
lich. Der Rabbi entfernte die Flasche unauffällig
aus dem Bereiche seiner Hand und blickte dabei
Jankele an.

„Seid Ihr schon lange in England?" fragte er den Polen.

„Noch nicht lange," sagte Jankele.

„Leidet Gabriel, der Chasen, noch immer so viel am Rheumatismus?"

Jankele blickte traurig drein. „Nein — er ist tot," sagte er.

„Lieber Gott! Nun, er war schon ein alter Mann, als ich ihn kannte. Wenn er den Schofar blies, klang es jedes Jahr schnaufiger. Aber wie geht es seinem jüngsten Bruder Samuel?"

„Er ist tot," sagte Jankele.

„Was, der auch! Er war ja so ein kräftiger Mann. Hat Mendelsohn, der Steinmetz, noch viele Mädchen bekommen?"

„Er ist tot," sagte Jankele.

„Unsinn," keuchte der Rabbi, Messer und Gabel fallen lassend. „Ich habe ja erst vor ein paar Monaten von ihm gehört."

„Er ist tot," sagte Jankele.

„Gott steh' mir bei! Mendelsohn tot!" Nach einem Augenblick der Rührung setzte er seine Mahlzeit fort. „Aber seinen Söhnen und Töchtern geht es hoffentlich gut? Der Aelteste, Salomon, war ein sehr frommer Junge, und seine dritte Tochter, Nechamah, versprach eine seltene Schönheit zu werden."

„Sie sind tot," sagte Jankele.

Diesmal wurde der Rabbi selbst so bleich wie ein Toter und legte automatisch Messer und Gabel nieder.

„T—tot," keuchte er entsetzt. „Alle?"

„Alle. Die ganze Familie ist weggerafft worden von derselben Cholera=Epidemie."

Der Rabbi bedeckte sein Gesicht mit den Händen.

„Dann ist also die Frau des Salomon eine Witwe. Hoffentlich hat er ihr genug hinterlassen, daß sie davon leben kann."

„Nein, aber es macht nichts," sagte Jankele.

„Doch, es macht sehr viel," rief der Rabbi.

„Sie ist tot," sagte Jankele.

„Rebekka Schwarz tot!" schrie der Rabbi, denn er hatte einst selbst das Mädchen geliebt und empfand, da er sie nicht geheiratet hatte, noch immer eine gewisse Zärtlichkeit für sie.

„Ja, Rebbekka Schwarz," wiederholte Jankele unerbittlich.

„Auch an der Cholera?" stammelte der Rabbi.

„Nein, an gebrochenem Herzen."

Rabbi Pöckelhäring schob schweigend seinen Teller fort und stützte in traurigem Sinnen die Ellbogen auf den Tisch, das Gesicht in seine Handflächen und das Kinn auf die Schnapsflasche.

„Aber Ihr eßt ja nicht, Rabbi," sagte Jankele schmeichelnd.

„Ich habe den Appetit ganz verloren," sagte der Rabbi.

„Aber es ist ja schade, das Essen kalt werden zu laffen! Eßt es lieber!"

Der Rabbi schüttelte mürrisch den Kopf.

„Dann werde ich es essen," rief Jankele empört. „Ein so gutes, heißes Essen!"

„Meinetwegen," sagte der Rabbi matt.

Und Jankele begann mit Blitzesschnelle zu essen, indem er nur innehielt, um dem unergründlichen Manasse zuzublinzeln, oder der unerreichbaren Schnapsflasche, auf der das Kinn des Rabbi ruhte, sehnsüchtige Blicke zuzuwerfen.

Plötzlich schaute der Rabbi auf; ein Verdacht stieg in ihm auf.

„Seid Ihr auch sicher, daß alle diese Leute tot sind?" fragte er.

„Mein Blut soll vergoffen werden, wie dieser Schnaps, wenn sie es nicht sind," rief Jankele, die Flasche an sich reißend und stürmisch den Branntwein in ein Glas gießend.

Der Rabbi versank wieder in sein trübes Sinnen und blieb so sitzen, bis seine Frau eine große Porzellanschüssel mit gekochten Pflaumen und Aepfeln hereinbrachte. Diesmal setzte sie vier Teller auf, und so beendete Jankele sein Mahl in der unangezweifelten Stellung eines Gastes erster Klasse. Der Rabbi hatte

sich mittlerweile genügend erholt, um in schwermütigem
Schweigen mit zwei Tellern voll Aepfel und Pflaumen
zu spielen; aber sein Schweigen brach er nicht, bis
sich sein Mund unwillkürlich öffnete, um das Tisch=
gebet zu sprechen.

Als das Gebet zu Ende war, wandte er sich zu
Manasse und sagte: „Worin besteht also das Mittel,
das Ihr mir anraten wollt, um einträgliche Ver=
bindungen mit den Sephardim zu bekommen?"

„Inderthat, ich wunderte mich, warum Ihr Eure
Praxis als Trostprediger nicht auch auf die spanischen
Juden ausdehnt," antwortete Manasse ernsthaft. „Aber
nachdem wir soeben gehört haben, daß die Sterbe=
ziffer der Juden in Grodno so groß ist, würde ich
Euch den ernstlichen Rat geben, dorthin zurückzu=
kehren."

„Nein, sie können nicht vergessen, daß ich einmal
Knabe war," antwortete der Rabbi mit demselben
Ernst. „Die spanischen Juden sind mir lieber, sie
sind alle wohlhabend. Vielleicht sterben sie nicht
so oft wie die Russen, aber sie sterben sozusagen
besser. Ihr wollt mir also Empfehlungen geben und
mit Eueren vornehmen Freunden von mir sprechen,
wenn ich Euch recht verstanden habe."

„Recht verstanden?" wiederholte Manasse mit
würdigem Erstaunen. „Ihr habt mich n i c h t recht ver=
standen, ich werde nichts dergleichen thun."

„Aber Ihr habt es mir ja selbst vorgeschlagen," rief der Rabbi aufgeregt.

„Ich? Keine Spur davon. Ich hatte von Euch und Euern Trauerreden gehört; als ich Euch daher heute Vormittag zum erstenmale auf der Straße traf, fiel es mir ein, Euch zu fragen, warum Ihr Euern Trost nicht auch in den Schoß meiner Gemeinde trägt, bei der sich viel mehr verdienen läßt. Ich sagte, daß ich mich wundere, warum Ihr das nicht von allem Anfang an gethan hättet, und Ihr — ludet mich zum Mittagessen ein. Ich wundere mich noch immer. Das ist alles, mein lieber Freund." Und er erhob sich, um zu gehen.

Der hochmütige Verweis brachte den Rabbi zum Schweigen, obwohl in seinem Herzen das unbestimmte Gefühl kochte, daß er benachteiligt worden sei.

„Geht Ihr vielleicht denselben Weg, Jankele?" fragte Manasse nachlässig.

Der Rabbi wandte sich hastig zu seinem zweiten Gast.

„Wann wollt Ihr also heiraten?" fragte er.

„Ihr habt mich bereits verheiratet," antwortete Jankele.

„Ich?" keuchte der Rabbi. Das war der letzte Strohhalm.

„Ja," wiederholte Jankele. „Ist es nicht so, Herr Da Costa?"

Sein Herz hämmerte, während er die Frage stellte.

„Gewiß," sagte Manasse ohne Zögern.

Jankeles Gesicht strahlte wie ein glorreicher Sommertag. Nur zwei von dem Quartett kannten das Geheimnis dieses Leuchtens.

„Gut Schabbes, Rabbi," rief er voll Wonne.

„Gut Schabbes!" sagte Manasse.

„Gut Schabbes!" murmelte der Rabbi betäubt.

„Gut Schabbes!" fügte seine Frau hinzu.

„Wünscht mir Glück," rief Jankele, nachdem sie das Haus verlassen hatten.

„Wozu?" fragte Manasse.

„Daß ich Euer Schwiegersohn werde."

„Oh, dazu? Gewiß, ich wünsche Euch herzlich Glück dazu." Die zwei Schnorrer schüttelten einander die Hände. „Ich glaubte, daß Ihr ein Kompliment über Euer Manöver hören wolltet."

„Nu, verdiene ich das nicht?"

„Nein," sagte Manasse entschieden.

„Nein?" wiederholte Jankele, dem das Herz wieder schwer ward. „Warum nicht?"

„Warum habt Ihr so viele Menschen umgebracht?"

„Damit ich lebe, müssen Andere sterben."

„Das habt Ihr schon einmal gesagt," sprach Manasse streng. „Ein guter Schnorrer würde für ein Mittagessen nicht so Viele getötet haben. Das ist Verschwendung. Und außerdem habt Ihr gelogen."

„Woher wißt Ihr, daß sie nicht tot sind?" vertheidigte sich Jankele.

Der König schüttelte vorwurfsvoll den Kopf.

„Ein Schnorrer erster Klasse lügt nie," behauptete er.

„Ich wär mit der Wahrheit so weit gekommen, wie mit der Lüge, wenn Ihr nicht gekommen wäret selber zum Mittageffen."

„Was sagt Ihr da? Ich kam, um Euch zu ermutigen, um Euch zu zeigen, wie leicht Euere Aufgabe sei."

„Im Gegentheil, Ihr habt sie mir erschwert; es war nichts mehr zum Essen da."

„Aber dagegen müßt Ihr bedenken, daß der Rabbi, da er bereits Einen eingeladen hatte, nicht so schwer zu überrumpeln war, wie ich mir einbildete."

„O nach Euch selbst dürft Ihr nicht urteilen," protestierte Jankele. „Ihr seid kein Schnorrer — Ihr seid ein Wunder."

„Aber ich möchte auch ein Wunder zum Schwiegersohn haben," murrte der König.

„Wenn Ihr schnorren einen Schwiegersohn müßtet, würdet Ihr bekommen ein Wunder; aber da er zu schnorren Euch hat, bekommt er das Wunder," sagte Jankele besänftigend.

„Das ist wahr," bemerkte Manasse sinnend. „Ich glaube daher, daß Ihr auch ohne Mitgift zufrieden sein müßt."

„Gewiß," stimmte Jankele zu. „Aber Ihr werdet doch Euer Versprechen nicht brechen wollen? Hoffentlich bekomme ich einen Teil der Mitgift am Hochzeitstag."

„An diesem Tage werdet Ihr meine Tochter bekommen — darauf könnt Ihr Euch verlassen. Sicherlich ist das für einen Tag genug."

„Nu und wann bekomm ich das Geld das Eure Tochter aus der Synagoge bekommt?"

„Wenn sie es von der Synagoge bekommt."

„Wieviel wird es sein?"

„Vielleicht hundertfünfzig Pfund," sagte Manasse pompös.

Jankeles Augen glänzten.

„Vielleicht weniger," fügte Manasse nach reiflicher Ueberlegung hinzu.

„Um wieviel weniger?" fragte Jankele ängstlich.

„Um hundertfünfzig Pfund," antwortete Manasse pompös.

„Wollt Ihr damit sagen, daß ich gar nichts bekomm?"

„Gewiß, wenn sie nichts bekommt. Ich versprach Euch blos das Geld, das sie von der Synagoge bekommen wird, wenn sie beim sorteo Glück hat."

„Beim sorteo? Was ist das?"

„Die Mitgift, von der ich sprach. Sie wird durch das Los entschieden. Meine Tochter hat gerade so gute Aussichten wie alle anderen Mädchen. Indem Ihr sie gewinnt, habt Ihr Aussicht, hundertfünfzig Pfund zu gewinnen. Das ist eine schöne Summe, und es giebt nicht viele Väter, die so viel für ihre Töchter thun würden," schloß Manasse im Bewußtsein seiner Großmut.

„Aber, was ist's mit Eurem Jerusalemer Besitztum?" sagte Jankele ausweichend. „Ich hab keine Lust, dort zu wohnen. Der Messias ist noch nicht gekommen."

„Nein, Ihr werdet auch schwerlich dort wohnen können," gestand Manasse zu.

„Habt Ihr also nichts dagegen, wenn ich es verkaufe?"

„Oh nein — wenn Ihr so schmutzig seid, wenn Ihr kein wirklich jüdisches Gefühl habt."

„Wann wird es übergehen in meinen Besitz?"

„Wenn Ihr wollt, am Hochzeitstage."

„Es ist am besten, solche Dinge rasch abzumachen," sagte Jankele und bezähmte sein Verlangen, sich vor Vergnügen die Hände zu reiben. „Wie es im Talmud steht: „Ein Pfefferkorn heute ist besser, als ein Korb voll Kürbisse morgen."

„Schön, ich werde es also in die Synagoge bringen."

„In die Synagoge bringen?" wiederholte Jankele erstaunt. „Oh, Ihr meint die Uebertragungsurkunde?"

„Uebertragungsurkunde? Glaubt Ihr vielleicht, daß ich mein Geld den Advokaten hinwerfe? Nein, ich werde es selbst hinbringen."

„Wie könnt Ihr das?"

„Was ist da schwer dabei?" fragte Manasse verächtlich. „Ein Kind kann einen Korb voll Erez Jisroel-Erde bis in die Synagoge bringen."

„Ein Korb Erde! Euer Jerusalemer Besitztum ist also ein Korb Erde?"

„Was denn? Ihr habt doch nicht erwartet, daß es ein Korb Diamanten sein wird?" entgegnete Manasse in wachsender Wut. „Für einen guten Juden ist ein Korb voll Erez Jisroel-Erde mehr wert, als alle Diamanten der Welt."

„Das ist ja ein Schwindel," keuchte Jankele.

„Oh nein, in dieser Beziehung könnt Ihr ruhig sein. Ich weiß, daß ziemlich viel falsche Erde aus Palästina im Verkehr ist, und daß mancher Tote, dem solche Schollen ins Grab gelegt werden, trotzdem in unheiliger Erde begraben liegt, aber ich habe Sorge getragen, diesen Korb von einem besonders frommen Rabbi zu erhalten. Es war das Einzige, was er besaß und was des Schnorrens wert war."

„Ich glaube nicht, daß ich mehr als eine Krone dafür bekommen werde," sagte Jankele, der seine Empörung nicht unterdrücken konnte.

„Das sage ich auch," entgegnete Manasse. „Ich

hätte aber nie gedacht, daß einer meiner Schwieger-
söhne daran denken würde, meine heilige Erde für
lumpige fünf Schillinge zu verkaufen! Ich werde mein
Versprechen nicht zurückziehen, aber ich habe mich in
Euch getäuscht, — bitter getäuscht. Hätte ich gewußt,
daß diese Erde nicht Eure Gebeine bedecken wird, so
wäre sie mit mir in mein Grab gegangen, so wie ich
es in meinem letzten Willen und Testamente forderte,
neben dem sie in meiner Kasse liegt."

„Gut, ich werd sie nicht verkaufen," sagte Jankele
mürrisch.

„Ihr erleichtert mein Herz. In der Mischna
steht ja: „Wer ein Weib um des Geldes wegen heiratet, erzeugt ungeratene Kinder."

„Und wie steht es mit der Provinz in England?"
fragte Jankele in leisem, niedergeschlagenen Ton.
Daran hatte er nie geglaubt, aber jetzt in seiner Verzweiflung und Ungläubigkeit regte sich in ihm die unbestimmte Hoffnung, daß wenigstens etwas aus dem
Krach gerettet werden könne.

„Oh, Ihr sollt sie Euch selbst auswählen," antwortete Manasse liebenswürdig. „Wir werden uns
einen großen Plan von London verschaffen, und ich
werde das Gebiet, in dem ich schnorre, mit rotem
Stift bezeichnen. Dann sucht Ihr Euch darin einen
Bezirk aus, der Euch paßt: wir können sagen, zwei
Hauptstraßen und ein Dutzend Nebengassen. Diese

werden wir mit blauem Stift bezeichnen und ich werde mich verpflichten, von Eurem Hochzeitstage an dort nicht zu schnorren. Ich brauche Euch nicht zu sagen, wie wertvoll eine solche Provinz bereits jetzt ist; unter der sorgfältigen Verwaltung, die Ihr ihr angedeihen lassen könnt, können die Einkünfte verdoppelt, verdreifacht werden, und Ihr braucht mir nicht mehr als zehn Perzent davon abzugeben."

Jankele schritt wie mesmerisiert dahin; sein herrischer Gönner hatte ihn in einen Somnambulen verwandelt.

„Oh, da sind wir ja," sagte Manasse, plötzlich stehen bleibend. „Wollt Ihr Euch nicht die Braut ansehen und ihr Glück wünschen?"

Ein Freudenstrahl zuckte über Jankeles Gesicht und verscheuchte seine Düsterkeit. Was lag an allem Andern? — Da Costas schöne Tochter blieb ihm ja doch, und das war eine solide, ausreichende Genugthuung. Er war froh, daß sie wenigstens nicht einen Posten der Mitgift bildete.

Die ahnungslose Braut öffnete die Thüre.

„Ha, Jankele," sagte Manasse, dessen Vaterherz beim Anblick ihrer Schönheit warm wurde, „Ihr werdet nicht nur ein König, sondern auch ein reicher König sein. Es steht ja geschrieben: „Wer ist reich? Der ein schönes Weib besitzt."

5. Kapitel.

(Zeigt wie der König den Machamad auflöste.)

Manasse da Costa (derart in dem feierlichen Schreiben seiner Namensfülle entkleidet) war vor den Machamad vorgeladen worden, da die beabsichtigte Verbindung seiner Tochter mit einem polnischen Juden in der Brust der Synagogenvorsteher Entsetzen und Mißvergnügen erregt hatte.

Der Machamad war ein Rat der Fünf, nicht weniger gefürchtet als der bekanntere Rat der Zehn. Gleich dem venetianischen Tribunal, das die Aufmerk=samkeit der Geschichte ungerechtermaßen monopolisiert hat, wurde er jährlich gewählt, und zwar von den Aeltesten, gerade so wie der Rat der Zehn von der Aristokratie gewählt wurde. Die „edlen Herren des Machamad," wie sie genannt wurden, verwalteten die Angelegenheiten der spanisch=portugiesischen Gemeinde, und ihre Oligarchie würde zweifellos für Alles, was schiedsrichtlich und inquisitorisch ist, sprichwörtlich ge=worden sein, wenn die Unkunde von ihrer Existenz nicht so verbreitet gewesen wäre. Der Machamad selbst hielt sich für den Mittelpunkt der Schöpfung. Bei einer Gelegenheit weigerte er sich sogar, sich der Autorität des Lord=Mayors von London zu beugen. Ein sephardischer Schnorrer lebte und bewegte sich nur „mit Erlaubnis des Machamad." Ohne seine Einwilligung konnte er im Plane der Dinge keinen

gesetzlichen Platz haben, ohne die Erlaubnis des
Machamad durfte er nicht heiraten, mit deſſen Erlaubnis konnte er rasch geschieden werden. Inderthat
er durfte ohne die Sanction des Rates der Fünf
ſterben; aber das war die einzige Großthat ſeines
Lebens, die von deſſen Oberaufſicht frei war, und
ohne die Erlaubnis des Machamad durfte er entſchieden
nicht begraben werden. Der Chacham ſelbſt, der
Weiſe oder Oberrabbi der Gemeinde, konnte ohne die
„Erlaubnis des Machamad" ſeine Herde nicht in
heiliger Ehe verbinden.

Dieſe Autorität war nicht blos negativ und
paſſiv, ſondern ſie war auch poſitiv aktiv. Um ein
Jachid — ein anerkanntes Gemeindemitglied — zu
ſein, mußte man ſich unter ein Joch beugen, das noch
ſchwerer war als das der Thora, von der Finta
oder Kopfſteuer nicht zu reden. Wehe dem, der ſich
weigerte, Vormund der Gefangenen — alſo der, der
die gefangenen Geiſeln, oder die von den Türken in
Gewahrſam gehaltenen Kriegsgefangenen loskaufte —
oder Vorſteher der Gemeinde oder Parnas des heiligen
Landes oder „Bräutigam der Thora" oder einer der
ſonſtigen zahlreichen Würdenträger einer komplizierten
Verfaſſung zu werden! Häufige und ſchwere Geld-
ſtrafen zu Gunſten der Armenbüchſe erwarteten ihn
„mit Erlaubnis des Machamad". Wehe dem Wicht,
der ſich in der Synagoge „durch Beleidigung des Vor-

ſtehers oder grobe Beſchimpfung irgend einer anderen
Perſon," wie die köſtliche Vorſchrift lautete, ſchlecht
aufführte! Nachdrückliche und qualvolle Strafen
ſtanden auf dieſen und ähnlichen Vergehen: Ent=
ziehung der „Mizwos": der Erlaubnis, die Geſetzes=
rolle einzuſchließen oder die Bundeslade zu öffnen,
ſchmähliche Relegierung hinter das Leſepult, Entziehung
von Gerechtſamen, das Verbot des Raſierens auf
einige Wochen. Wenn der Jachid das Amt über=
nahm, aber gegen die pünktliche und rechtmäßige Er=
füllung ſeiner Pflichten verſtieß, ſo wurde er nicht
weniger geſtraft. Eine Geldbuße im Betrage von
40 Pfund vertrieb Iſak Disraeli, den Sammler der
„Merkwürdigkeiten der Litteratur", aus der Synagoge
und ermöglichte jene politiſche Merkwürdigkeit, die
Laufbahn Lord Beaconsfields. Die Väter der Syna=
goge, die in jenen Tagen, als Pepys die Unanſtändig=
keiten in ihrer kleine Synagoge in Kings=Street be=
merkte, ihre Verfaſſung in reinem Caſtilianiſch nieder=
ſchrieben, gedachten mit ihren Statuten die Gemeinde
zu feſtigen, nicht zu zerſetzen. Die Tyrannei des
Machamad, dieſe unelaſtiſche Handhabung eines eiſernen
Codex, der in den „goldenen Tagen des guten Königs
Karl" geſchmiedet wurde, als die Kolonie der holländiſch=
ſpaniſchen Verbannten einem Lager in Feindesland
glich und ein militäriſches Regime brauchte, war
taktlos und vereinigte ſich mit der Anziehungskraft

9*

einer ungehinderten, „chriſtlichen" Laufbahn, um manche
glänzende Familie zu den Thoren des Ghettos hinaus-
zutreiben. Athen iſt ſtets eine gefährliche Neben-
buhlerin Spartas geweſen.

Aber der Machamad ſelbſt bewegte ſich ſtrenge
in den Bahnen, die ihm vorgeſchrieben waren. Jener
legislatoriſche Inſtinkt des Hebräers, aus dem ſich
das gewaltigſte und minutiöſeſte Geſetzbuch der Welt
entwickelt hat, verlockte jene ſpäter geborenen Juden,
Lokalgeſetze hinzuzufügen, die bis zu 200 Seiten in
portugieſiſcher Sprache anſchwollen. Es war ein ver-
wirrtes Netz von Takanot oder Vorſchriften, die jede
Möglichkeit der Synagogenpolitik vorſahen, angefangen
von den Streitigkeiten der Mitglieder um die beſten
Sitze bis zu dem Umfange ihrer Gräber in der Car-
reira, von der Verteilung der Mizwos unter den
Reichen bis zu der Verteilung der Matzos unter den
Armen. Wenn ſich die Räder und Schrauben des
Gemeindelebens „mit Erlaubnis des Machamad" be-
wegten, ſo bewegte ſich der Machamad mit Erlaubnis
der Takanot.

Der feierliche Rat war verſammelt — in „voll-
ſtändigem Machamad". Selbſt der Vorſteher der
Aelteſten war kraft ſeines Privilegiums anweſend und
bildete den Sechſten, abgeſehen von dem Kanzler oder
Sekretär, der zur Rechten des Vorſitzenden ſaß und
aufgeregt in dem portugieſiſchen Merkbuche blätterte.

Er war ein kleiner Mann, eine wunderliche Mischung
von Pomp und Großsprecherei, hatte eine schnupftabak-
beschmierte Oberlippe und eine Nase, deren Röte auf
die Bekanntschaft mit dem Weingeiste schließen ließ.
Er war vom Bewußtsein seiner eigenen Wichtigkeit
durchdrungen, aber dieser Stolz hatte seine Wurzel in
Demut, denn er kam sich nur so groß vor, weil er der
Diener der Größe war. Er lebte „mit Erlaubnis des
Machamad". Als Beamter war er jeder Theorie un-
zugänglich. Wenn man sich ihm in irgend einer Angelegenheit näherte, breitete er entschuldigend die Hände
aus und keuchte: „Ich muß den Machamad befragen."
Man sagte ihm nach, daß man ihn einmal nach der
Uhr gefragt habe und daß er automatisch gekeucht
habe: „Ich muß den Machamad fragen." Dieses
Befragen war eine leere Form; in der Praxis hatte
der Sekretär mehr Einfluß als der Oberrabbi, der
Bittsteller aus dem wunderlichen Grunde nicht empfehlen durfte, weil die Ehrfurcht gegen ihn den Rat
ungerechter Maßen zu Gunsten des Bewerbers be-
einflussen könnte. Da die Herren des Machamad
während der einjährigen Amtszeit unmöglich die
Statuten bemeistern konnten, besonders, da nur selten
ein Mitglied das Portugiesische verstand, in dem sie
zuletzt verfaßt worden waren, wendete man sich stets
an den Sekretär, denn sein Amt war ein dauerndes
und er kannte alle Beschlüsse und Präzedenzfälle. So

legte er denn die Gesetze mit unparteiischer Un=
genauigkeit „mit Erlaubnis des Machamad" aus. In
seinem innersten Herzen glaubte er, daß auch die
Sonne nur „mit Erlaubnis des Machamad" scheine.

Die Ratsstube war ziemlich geräumig und mit
Tafeln geschmückt, auf denen in goldenen Buchstaben
die Namen frommer Spender standen. Die Tafeln
standen so dicht nebeneinander, wie Grabsteine auf
einem Friedhof, und ergossen sich selbst bis in den
Vorsaal. Um den Beratungstisch hatte die Blüte der
spanischen Judenschaft gesessen: Granden, die es mit
den Stutzern ihrer Tage aufgenommen und mit den
Besten unter ihnen das Schwert gekreuzt hatten; dabei
waren sie äußerst genau und zeremoniös, und die
Männer, die an diesem Nachmittage zusammenkamen,
bewahrten noch immer ihre stattliche kastilianische Höf=
lichkeit, obwohl die Erinnerung an sie so schwach war,
wie die verblichenen Inschriften auf den Paneelen.
Diese Nachkommen hatten die sorgfältigen Grüße und
Umschreibungen, die strenge Würde bei Streitigkeiten
noch immer beibehalten.

Wie die Takana es forderte, waren es „gottes=
fürchtige, fähige und ehrbare" Männer; aber es waren
auch vermögende Leute, was ihnen Ruhe und Halt
gab. Seine britische Majestät zierte den Thron nicht
besser, als der Vorsitzende des Machamad den seinen,
wie er so in seinem großen Lehnstuhle an der Spitze

des langen Tisches saß und, den Vorsteher der Aeltesten zu seiner Linken, den Kanzler zu seiner Rechten und alle seine Räte um sich hatte.

Die Abendsonne warf einen goldenen Lichtkegel durch die normannischen Fenster, als sei sie bemüht, die Namen der Anwesenden in goldenen Buchstaben festzuhalten — „mit Erlaubnis des Machamad".

„Da Costa mag eintreten," sagte der Vorsitzende, als der Fall des großen Schnorrers an die Reihe kam.

Der Kanzler sprang auf, stieß die Thür geschäftig auf und winkte dem leeren Raum mit dem Finger, bis er entdeckte, daß Manasse nicht im Vorsaale sei. Statt seiner eilte der Tempeldiener herbei.

„Wo ist Da Costa?" keuchte der Kanzler, „ruft Da Costa!"

„Daaa Costaaa!" rief der Tempeldiener laut mit dem langgezogenen Tone eines Gerichtsboten.

Der leere Korridor gab einen hohlen Widerhall. „Ei, vor einem Augenblick war er ja noch da!" rief der bestürzte Tempeldiener. Er lief den Gang hinab und fand ihn inderthat am Ende desselben, wo er auf die Straße mündete. Der König der Schnorrer befand sich in würdevoller Unterhaltung mit einer bedeutenden Persönlichkeit.

„Da Costa!" rief der Tempeldiener abermals, aber sein Ton klang weniger fürchterlich und mehr verdrießlich. Der Bettler wendete nicht den Kopf.

„Herr Da Cofta!" sagte der Tempeldiener, der sich der imposanten Gestalt zu sehr genähert hatte, um sich mit ihr in Vertraulichkeiten einzulassen. Diesmal zeigte der Bettler Symptome wiederhergestellter Gehörfähigkeit: „Ja, lieber Freund," sagte er, indem er sich umwendete und dem Abgesandten ein paar Schritte entgegentrat, „Bleibt, Grobstock!" rief er, über die Schulter gewendet.

„Habt Ihr nicht gehört, daß ich Euch rief?" brummte der Tempeldiener.

„Ich hörte Euch „Da Cofta" rufen, glaubte aber natürlich, daß das einer Eurer Trinkkumpane sei!" antwortete Manasse streng.

„Der Machamad wartet auf Euch," stammelte der Tempeldiener.

„Saget den edlen Herren des Machamad," sprach Manasse mit vorwurfsvollem Nachdrucke, „daß ich mir sogleich das Vergnügen machen werde, zu ihnen zu kommen."

„Nun, bleibt noch ein Weilchen, mein lieber Grobstock," fuhr er fort, indem er wieder an die Seite des Magnaten trat. „Eure Frau ist also in Tunbridge-Wells zur Kur? Ja, inderthat, das ist eine ausgezeichnete Kur für die Vapeurs. Ich gedenke, meine Frau nach Burton zu schicken — der Vorsteher unseres Spitals hat dort einen Landsitz."

„Aber Ihr wurdet ja gerufen," murmelte Grobſtock, der ſich ſehnte, fortzukommen. Das Auge des Schnorrers war auf ihn gefallen, während der Eigentümer desſelben ſich unter dem Thorbogen ſonnte, und hatte ihn nicht mehr losgelaſſen.

„Es iſt nur eine Verſammlung des Machamad, der ich beiwohnen muß," antwortete er in gleichgiltigem Tone. „Es iſt eine rechte Plage, aber Pflicht bleibt Pflicht."

Grobſtocks rotes Geſicht wurde ein Rahmen für zwei weit aufgeriſſene Augen.

„Ich dachte, der Machamad ſei Euer oberſter Rat!" rief er.

„Ja, wir ſind unſer Fünf," ſagte Manaſſe leichthin, und während Grobſtock ungläubig den Mund aufriß, ſchlürfte der Kanzler ſelbſt bleich und beſtürzt herbei.

„Ihr laßt die edlen Herren des Machamad warten!" keuchte er gebieteriſch.

„Ja, Ihr habt Recht, Grobſtock," ſprach Manaſſe mit einem Seufzer der Ergebung. „Sie können ohne mich nicht fertig werden. Nun, ich weiß, Ihr werdet mich entſchuldigen. Es freut mich, Euch wiedergeſehen zu haben — wir werden unſer Geplauder einmal abends bei Euch fortſetzen, nicht wahr? Ich habe Eure Gaſtfreundſchaft noch in angenehmer Erinnerung."

„Meine Frau wird den ganzen Monat abwesend sein," antwortete Grobstock schwach.

„Ha, ha, ha!" lachte Manasse schelmisch. „Ich danke Euch für die Erinnerung, ich werde nicht er= mangeln, Euch zu helfen, wenn Ihr ihre Abwesenheit benützen wollt. Vielleicht wird die meinige auch ab= wesend sein — in Buxton — Also zwei Junggesellen! Ha, ha, ha!" Er streckte die Hand aus und schüttelte Grobstocks Rechte fröhlich zum Abschiede. Dann schlenderte er gemächlich hinter dem fieberhaft un= geduldigen Kanzler einher, wobei sein Stock in ryth= mischer Langsamkeit über die Steine klopfte.

„Guten Tag, Ihr Herren," sagte er liebenswürdig, als er in die Ratsstube eintrat.

„Ihr habt uns warten lassen!" entgegnete der aus seiner königlichen Milde gebrachte Vorsitzende des Machamad. Er war ein aufgeblasener, schwarzbrauner, elegant gekleideter Herr; in diesem Augenblick beugte er sich auf seinem Sammtthrone vor und trommelte mit den diamantgeschmückten Fingern auf den Tisch.

„Nicht so lange, als Ihr mich warten ließet," antwortete Manasse mit ruhiger Empörung. „Wenn ich gewußt hätte, daß Ihr mich im Korridor abkühlen lassen wolltet, wäre ich nicht gekommen, und wenn nicht mein Freund, der Schatzmeister der großen Synagoge, zu gelegener Zeit vorübergekommen wäre, um ein bischen mit mir zu plaudern, so wäre ich auch nicht geblieben."

„Herr, Ihr seid unverschämt!" brummte der Vor=
sitzende.

„Herr, ich glaube, Ihr schuldet mir eine Ent=
schuldigung," behauptete Manasse unerschüttert. „Da
ich die Höflichkeit und hohe Bildung, die Eure edle
Familie immer ausgezeichnet hat, kenne, kann ich mir
Euren jetzigen Ton nur dadurch erklären, daß Ihr
nicht wißt, daß ich eine Beschwerde habe. Zweifellos
war es Euer Kanzler, der mich zu einer zu frühen
Stunde vorlud."

Der Vorsitzende, durch die ruhige Würde des
Bettlers abgekühlt, warf einen fragenden Blick auf
den empörten Kanzler, der hochrot war und vor Ver=
wirrung und Zorn zitterte.

„Es ist Ge — Gebrauch, die Be — Betreffenden
vor dem Be — Beginn der Versammlung vorzuladen,"
stammelte er hitzig. „Man kann nicht wissen, wie
lange die frühere Verhandlung dauert."

„Dann möchte ich den Vorsteher der Aeltesten
ehrerbietig ersuchen, in der nächsten Versammlung
seiner erhabenen Körperschaft eine Resolution einzu=
bringen, daß solche, die vor dem Machamad zu erscheinen haben, allen anderen vorgehen," sagte Manasse
mit Nachdruck.

Der Vorsteher der Aeltesten warf einen hilflosen
Blick auf den Vorsitzenden des Machamad, der eben=
falls nicht wußte, was er sagen und thun sollte.

„Ich will jedoch bei diesem Punkt jetzt nicht ver=
weilen," fuhr Manasse fort, „ebensowenig will ich die
Aufmerksamkeit der Versammlung auf die nachlässige
und oberflächliche Art und Weise lenken, in der
meine Vorladung verfaßt wurde, so daß ich, wenn ich
ein Wortkrämer wäre, auf den Namen Manasse da
Costa gar nicht zu erscheinen gebraucht hätte."

„Aber Euer Name lautet ja so!" protestierte der
Kanzler.

„Wenn Ihr die Armenliste durchseht, werdet Ihr
finden, daß mein Name Manasse Bueno Barzillai
Azevedo da Costa lautet," sagte Manasse großartig.
„Aber Ihr haltet die edlen Herren des Machamad
auf." Und mit einer würdevollen Miene, die die
Vergangenheit wegzuschieben schien, ließ er sich auf
den nächsten leeren Stuhl am unteren Ende des
Tisches nieder, stützte den Ellenbogen auf den Tisch,
das Gesicht in die Hände und blickte zu dem Vor=
sitzenden hinüber, der ihm gerade gegenüber saß. Die
Räte waren von seinem unerwarteten Benehmen so
bestürzt, daß auch diese Kühnheit kaum bemerkt wurde.
Der Kanzler jedoch, in seinen innersten Gefühlen ver=
letzt, rief gereizt: „Stehet auf, Herr; diese Stühle
sind für die edlen Herren des Machamad bestimmt!"

„Und da es edle Herren sind, wird es ihnen nicht
einfallen, einen alten Mann noch länger stehen zu
lassen," fügte Manasse in vernichtendem Tone hinzu.

„Wenn Ihr ein anständiger Mensch wäret, würdet Ihr das Ding da vom Kopfe nehmen," erwiderte der Kanzler.

„Wenn Ihr nicht ein Amhoretz wäret," replizierte der Bettler, „würdet Ihr wissen, daß dies nicht ein Zeichen der Unehrerbietung gegen den Machamad, sondern eines der Ehrerbietung gegen das Gesetz ist, das höher steht als der Machamad. Ein Reicher darf unsere heilige Religion vernachlässigen, aber ein Armer hat nur das Gesetz. Das ist sein einziger Luxus."

Das pathetische Zittern seiner Stimme erregte in den Herzen der Räte ein unklares Gefühl von Unrecht und Ungerechtigkeit. Der Vorsitzende hatte die un= bestimmte Empfindung, daß seinem bevorstehenden, eindrucksvollen Verweise die Spitze abgebrochen sei — ja sogar, daß er statt dessen selber einen Verweis be= kommen hätte. Gereizt wandte er sich zum Kanzler und hieß ihn schweigen.

„Er meint es ja gut," sagte Manasse entschuldigend. „Man kann doch nicht erwarten, daß er die feinen Gefühle der edlen Herren des Machamad haben soll. „Darf ich Euch bitten, Herr, mir bekannt zu geben, weswegen Ihr mich vorgeladen habt?" fuhr er fort. „Ich habe noch einige Kunden zu besuchen."

Die diamantengeschmückten Finger des Vorsitzenden begannen wieder ihr übellauniges Trommeln auf dem Tische; er schäumte innerlich vor vereitelter Wut, vor

gerechter Empörung, die diese Worte ungerecht er=
scheinen ließen. „Herr!" brach er endlich mit dem
schrecklichsten Tone los, über den er unter sothanen
Umständen verfügen konnte. „Ist es wahr, daß Ihr
daran denkt, Eure Tochter mit einem polnischen Juden
zu verheiraten?"

„Nein," antwortete Manasse kurz.

„Nein?" wiederholte der Vorsitzende, während
bei diesem unerwarteten Zusammenbruch der ganzen
Angelegenheit ein Murmeln des Erstaunens um den
Tisch lief.

„Was? Eure Tochter hat es ja meiner Frau
gesagt," sprach der Rat, der zur Rechten Manasses saß.

Manasse wandte sich zu ihm, indem er seinen
Stuhl samt seinem Körper zu ihm hinüberneigte.
„Meine Tochter wird einen polnischen Juden heiraten,
aber ich denke nicht daran, sie ihm zu geben," sagte
er, argumentativ den Zeigefinger erhebend.

„O, Ihr verweigert also Eure Einwilligung?"
erklärte der Rat, seinen Stuhl zurückschiebend, um
die zunehmende Nähe des Bettlers zu vermeiden.

„Durchaus nicht," antwortete Manasse in über=
raschtem Tone, während er seinen Stuhl wieder näher
rückte. „Ich habe bereits eingewilligt. Ich denke
nicht ans Einwilligen. Diese Worte deuten auf Un=
schlüssigkeit hin."

„Keine Witze, Mensch!" rief der Vorsitzende,

während Scharlachröte sein Gesicht überzog. „Wißt Ihr nicht, daß eine solche Verbindung für Euch, Eure Tochter und die Gemeinde, die soviel für Euch gethan hat, entehrend und erniedrigend ist? Was! Eine Sephardi einen Tedesko heiraten! Schmachvoll!"

„Glaubt Ihr, daß ich die Schmach nicht ebenso tief empfinde, wie Ihr?" fragte Manasse mit unend= lichem Pathos. „Glaubt Ihr, Ihr Herren, daß ich durch diese Liebe eines Tedesko zu meiner Tochter nicht gelitten habe? Ich kam her, Mitgefühl von Euch erwartend, und Ihr macht mir Vorwürfe? Herr vielleicht glaubt Ihr —" hier wendete er sich zu seinem Nachbar zur Rechten, der in seinem ängstlichen Bestre= ben, die gefährliche Nähe zu vermeiden, seinen Stuhl halb umgedreht hatte und somit dem argumentativ er= hobenen Zeigefinger nur den Rücken bot — „vielleicht glaubt Ihr, daß ich, weil ich meine Einwilligung gegeben habe, nicht mit Euch mitfühlen kann, daß ich nicht gleich Euch diesen Fleck auf unserem gemeinsamen Wappen beklage; vielleicht glaubt Ihr —" hier rückte er geschickt seinen Stuhl auf die andere Seite des Rates, ihn derart wie ein Kap umsegelnd — „vielleicht glaubt Ihr, daß ich, weil Ihr mit meiner Heimsuchung kein Mitgefühl habt, auch keines für Euere habe? Nein, wenn ich einwilligte, so geschah das nur, weil es das beste war, was ich für meine Tochter thun konnte. In meinem Herzen habe ich sie verstoßen, so

daß sie eigentlich als eine Waise gelten kann und somit völlig geeignet ist, die Heiratsstiftung zu erhalten,
die Rodriguez Real — Friede sei mit ihm! — hinterlassen hat."

„Herr, da giebt es nichts zu lachen!" donnerte
der Vorsitzende. Er vergaß seine Würde, da er zuviel
an sie dachte.

„Inderthat," antwortete Manasse teilnahmsvoll,
indem er sich nach rechts schob, so daß er dem Vorsitzenden gegenüber saß, der stürmisch fortfuhr: „Herr,
kennt Ihr die Strafen, denen Ihr Euch aussetzt, wenn
Ihr auf Eurer Absicht beharrt?"

„Ich setze mich keinen Strafen aus," entgegnete
der Bettler.

„So glaubt Ihr also, daß jeder ungestraft unsere
alten Takanot mit Füßen treten darf?"

„Unsere alten Takanot?" wiederholte Manasse
überrascht. „Was haben die dagegen einzuwenden,
wenn eine Sephardi einen Tedesko heiratet?"

Die Kühnheit der Frage machte den Rat sprachlos. Manasse mußte sie selbst beantworten: „Sie
haben gar nichts dagegen einzuwenden. Es giebt
keine solche Takana."

Einen Augenblick herrschte ein furchtbares Stillschweigen. Es war, als hätte Manasse die Zehn Ge-
bote verleugnet.

„Ihr stellt also das erste Prinzip unserer Ver=
fassung in Frage?" sprach der Vorsitzende endlich in
leisem, unheildrohenden Ton. „Leugnet Ihr, daß
Eure Tochter eine Verräterin ist? Leugnet Ihr's?"

„Fragt Euren Kanzler," fiel Manasse ruhig ein.
„Er ist ein Amhorez, aber die Statuten sollte er
kennen; er wird Euch sagen, daß das, was meine
Tochter thut, nirgends verboten ist."

„Still, Herr!" rief der Vorsitzende gereizt. „Herr
Kanzler, lest die Takana vor."

Der Kanzler, abwechselnd rot und bleich werdend,
rutschte auf seinem Sessel herum. Aller Augen waren
in angstvoller Erwartung auf ihn gerichtet.

Er stieß ein „Hm!" und ein „Ha!" aus, hüstelte,
schnupfte und schneuzte sich sorgfältig.

„Es — giebt dafür — kei—keine ausdrückliche
Takana," stotterte er endlich. Manasse saß in be=
scheidenem Triumphe ruhig da. Der Rat, der nun
sein rechter Nachbar geworden, war der erste,
der das betäubte Stillschweigen brach. Er mischte
sich heute zum erstenmal ein: „Natürlich ist der=
gleichen nie niedergeschrieben worden," sprach er in
strengem, vorwurfsvollen Ton. „Es brauchte nie ein
Gesetz dagegen gemacht werden, weil man es nie für
möglich hielt. Solche Dinge giebt jedem vernünftigen
Sepharbi das Gefühl ein. Haben wir ein Gesetz
gegen Ehen mit Christen gemacht?"

10

Manaffe wendete einen halben Kompaßstrich um
und durchbohrte den neuen Gegner mit dem argu=
mentativ erhobenen Zeigefinger: „Gewiß haben wir
das!" antwortete er unerwartet. „Abschnitt XX,
Paragraph 2." Er zitierte die Talana auswendig;
das tönende Portugiesisch klang wie eine feierliche
Anklage. „Wenn unsere Gesetzgeber die Absicht gehabt
hätten, Mischehen mit der deutschen Gemeinde zu ver=
bieten, würden sie es verboten haben."

„Das mündliche Gesetz ist ebenso gut, wie das
geschriebene!" rief der Kanzler, sich fassend. „So ist
es in unserer heiligen Religion, und so ist es in unserer
Verfassung."

„Gewiß! Es giebt Präzedenzfälle," rief der Vor=
sitzende eifrig.

„Wir haben den Fall eines unserer Schatzmeister
zur Zeit Georg II.," sagte der kleine Kanzler, unter
dem Sonnenscheine der Ermutigung des Vorsitzenden
wieder aufblühend. Er nannte den Namen des Vor=
fahren einer heutigen Herzogin. „Er wollte eine
deutsche Jüdin heiraten."

„Und es wurde ihm untersagt," fügte der Vor=
sitzende hinzu.

„Hm!" hüstelte der Kanzler. „Er durfte sie nur unter
demütigenden Bedingungen heiraten — die Aeltesten
verboten die Anwesenheit der Mitglieder des Rabbi=
nats und der Kantoren. In der Synagoge durfte

keine Feierlichkeit stattfinden; für das Wohl des Bräutigams durfte kein Segensspruch gesagt werden, auch sollte er nie mehr als „Bräutigam der Thora" aufgerufen werden.

„Aber meinem Schwiegersohne werden die Aeltesten keine solchen Bedingungen auferlegen," sagte Manasse, indem er um einen anderen Stuhl herumsegelte, so daß sein Zeigefinger jetzt auf den Vorsteher der Aeltesten gerichtet war, an dessen linker Seite er in seinem argumentativen Vorrücken angelangt war.

„Erstens ist er nicht einer der Unserigen. Sein Wunsch, sich uns anzuschließen, ist ein Kompliment für uns. Wenn Jemand Euere Traditionen verletzt, so ist es meine Tochter. Aber sie ist kein Mann, wie der erwähnte Schatzmeister; sie ist auch nicht thätig vorgegangen, sie hat nicht absichtlich einen Tedesko gewählt, sondern ist von ihm gewählt worden. Euere männlichen Präzedenzfälle können ihr also nichts anhaben."

„Aber wir können Euch Etwas anhaben," sagte der gegenwärtige Schatzmeister mit einem grimmigen Auflachen. Er saß Manasse gegenüber, nächst dem Kanzler.

„Ihr denkt wohl an Geldstrafen?" sagte Manasse, ihm über den Tisch einen verächtlichen Blick zuwerfend. „Schön, so legt mir eine auf — wenn Ihr Euch den Luxus gönnen könnt. Ihr vergeßt, ich bin ein Ge-

lehrter, ein Ben Thora, der keine anderen Einnahmen
besitzt, als was Ihr ihm gebt. Wenn Ihr diese
Geldstrafen zahlen wollt, so ist das Eure Sache, in
der Armenkasse ist immer Platz. Ich freue mich
immer, wenn ich von Geldbußen höre. Meine Herren,
es wäre besser, wenn Ihr Euch in das Unvermeidliche
schicken wolltet — muß ich es nicht auch thun? Es
giebt keine Takana, um meinem Schwiegersohne alle
gewöhnlichen Privilegien vorzuenthalten. Inderthat,
eigentlich kam ich nur her, um Euch zu bitten, ihn
am Sabbat vor seiner Hochzeit zur Thora aufzurufen.
Nach Abschnitt III, Paragraph 1 seid Ihr ermächtigt,
jeden zuzulassen, der im Begriffe steht, die Tochter
eines Jachid zu heiraten." Abermals ertönte das
klangvolle Portugiesisch und überschauerte die Räte
mit all dem Grauen alter, in einer unverständlichen
Sprache abgefaßten Statuten. Erst ein Vierteljahr=
hundert später wurden die Takanot ins Englische
übersetzt, und von diesem Augenblick an war ihre
Autorität dem Tode verfallen.

Der Kanzler war der erste, der sich von dem
Citate erholte. Die tägliche Berührung mit diesen
veralteten Heiligtümern hatte ihr Grauen abgeschwächt,
und die ohnmächtige Gereiztheit des Präsidenten
spornte ihn zum Handeln an.

„Aber Ihr seid kein Jachid," sprach er ruhig.
„Nach Paragraph 5 desselben Abschnittes hört jeder,

dessen Name auf der Armenliste erscheint, auf, ein Jachid zu sein."

„Ein schönes Gesetz," sagte Manasse ironisch. „Ein jeder darf abstimmen, nur der Arme nicht," und den Kanzler völlig ignorierend, bemerkte er vertraulich zu dem Vorsteher der Aeltesten, an dessen Seite er sich noch befand: „Es ist sonderbar, wie wenige unter Euch Aeltesten einsehen, daß die Almosenempfänger die Säulen der Synagoge sind. Was hält Eure Gemeinde zusammen? Geldstrafen. Was sichert den Respekt vor der Verfassung? Geldstrafen. Was bewegt jeden, seine Pflicht zu thun? Geldstrafen. Was regiert selbst den Machamad? Geldstrafen. Und die Armen sind es, die für all dieses Geld einen Ausfluß bieten. Bei Gott, glaubt Ihr, daß Eure Mitglieder auch nur einen Augenblick Eure Strafen dulden würden, wenn sie nicht wüßten, daß das Geld für wohlthätige Zwecke ausgegeben wird? „Wohlthätigkeit ist das Salz der Reichtümer," sagt der Talmud, und inderthat, sie ist das Salz, das unsere Gemeinde konserviert."

„Genug, Herr! Genug!" schrie der Vorsitzende, alle Rücksicht für jene ernste Würde der alten Ratsstube vergessend, die Manasse nach Möglichkeit aufrecht zu erhalten suchte. „Vergeßt Ihr, zu wem Ihr sprecht?"

„Ich spreche zu dem Vorsteher der Aeltesten," sagte

Manasse in verletztem Tone. „Wenn Ihr jedoch wollt, daß ich mich an Euch wende —" und um den Vorsteher der Aeltesten eine Schwenkung beschreibend, landete er mit seinem Stuhle nächst dem des Vorsitzenden.

„Still, Mensch!" donnerte der Vorsitzende, krampfhaft vor seiner vertraulichen Berührung zurückschreckend. „Ihr habt gar kein Recht auf eine Stimme! Wie der Kanzler uns soeben aufmerksam machte, seid Ihr nicht einmal ein Jachid" (Gemeindemitglied).

„Dann hat das Gesetz auch keine Anwendung auf mich," entgegnete der Bettler ruhig. „Nur einem Jachid, der zu diesem und jenem Vorrechte hat, darf dieses oder jenes verboten werden. Keine Takana erwähnt des Armen oder giebt Euch Gewalt über ihn."

„Im Gegenteil, er ist verpflichtet, dem Wochentagsgottesdienste beizuwohnen," sagte der Kanzler, der sah, daß der Präsident wieder außer Fassung geriet. „Aber dieser Mann thut dies nur selten, Ihr Herren."

„Ich thue es n i e," verbesserte Manasse mit rührender Trauer. „Das ist wieder eines der Vorrechte, auf die ich um Euer Almosen willen verzichten muß; ich darf es nicht wagen, vor meinem Schöpfer im Lichte eines Söldlings zu erscheinen."

„Und was hindert Euch, die Wache auf dem Friedhof zu übernehmen, wenn die Reihe an Euch kommt?" höhnte der Kanzler.

Die Gegner waren nun dicht aufeinander geraten;

sie befanden sich zu beiden Seiten des Vorsitzenden des Machamads, der zwischen den zwei höhnenden, streitenden Gestalten eingekeilt war; seine Hautfarbe wurde jeden Augenblick schwärzer und seine Finger zuckten nervös.

„Was mich hindert?" antwortete Manasse. „Mein Alter. Es wäre eine Sünde gegen Gott, auch nur eine Nacht auf dem Friedhof zu verbringen. Aber ich thue meine Pflicht; ich bezahle stets einen Ersatzmann."

„Das will ich glauben," sagte der Schatzmeister. „Ich erinnere mich, daß Ihr mich um Geld batet, um einen alten Mann vor dem Friedhof zu bewahren. Jetzt verstehe ich, was Ihr damit meintet."

„Ja," fielen zwei andere Räte ein, „und ich —"

„Ruhe, meine Herren, Ruhe!" fiel der Präsident verzweifelt ein, denn der Nachmittag ging zu Ende, die Sonne senkte sich, und die Schatten des Zwielichts begannen zu fallen. „Ihr dürft Euch mit dem Manne in keinen Streit einlassen. Hört, mein Lieber, wir weigern uns, dieser Heirat unsere Sanktion zu geben; sie wird nicht von unserem Prediger vollzogen werden, auch denken wir nicht im Traume daran, Euren Schwiegersohn als Jachid aufzunehmen."

„Dann laßt ihn in die Armenliste aufnehmen," sagte Manasse.

„Es ist viel wahrscheinlicher, daß wir Euch daraus streichen werden! Bei Gott!" schrie der Präsident, indem er mit der ganzen Faust auf den Tisch schlug.

„Wenn Ihr diesem Skandal nicht sofort ein Ende macht, werdet Ihr es bereuen."

„Droht Ihr mir mit dem Bann?" sagte Manasse, indem er sich erhob. In seinem Auge funkelte ein drohender Ausdruck.

„Dieser Skandal muß ein Ende haben," wiederholte der Vorsitzende, sich in seiner Aufregung unwillkürlich gleichfalls erhebend.

„Jedes Mitglied des Machamad könnte ihm im Nu ein Ende machen," sagte Manasse. „Ihr selbst, wenn Ihr nur wolltet."

„Wenn ich nur wollte?" wiederholte der Vorsitzende fragend.

„Wenn Ihr meine Tochter nur wolltet. Seid Ihr nicht ein Junggeselle? Ich bin überzeugt, sie könnte keinem der Anwesenden Nein sagen — außer dem Kanzler. Aber keiner von Euch hat den wirklich guten Willen, die Gemeinde vor diesem Skandal zu retten, und daher muß meine Tochter heiraten, so gut es geht. Und doch würde dieses schöne Geschöpf selbst einem Hause in Hackney keine Schande machen."

Manasse sprach so ernsthaft, daß der Vorsitzende noch mehr schäumte. „Wenn sie diesen Polen heiratet, so seid Ihr auf Leben und Tod von uns geschieden!" tobte er. „Solange Ihr lebt, werdet Ihr außerhalb unserer Mauern beten müssen, und wenn Ihr tot seid, werdet Ihr hinter dem Zaun begraben werden."

„Ja, so geht es," sprach Manasse in ominösem Selbstgespräch. „Der Arme wird in den Bann gethan, der Reiche bekommt die Erlaubnis, die Tedesko seiner Wahl zu heiraten."

„Hinaus, Mensch!" brüllte der Vorsitzende. „Ihr habt nun unser Ultimatum gehört."

Aber Manasse ließ den Mut nicht sinken. „Und Ihr sollt das meinige hören," sagte er mit einer Ruhe, die im Gegensatze zu der Wut des Vorsitzenden noch eindrucksvoller war. „Herr Präsident, vergeßt nicht, daß Ihr und ich derselben Brüderschaft Gehorsam schuldig sind. Vergeßt nicht, daß die Macht, die Euch geschaffen hat, Euch bei der nächsten Wahl zunichte machen kann; vergeßt nicht, daß ich einen riesigen Einfluß habe, wenn ich auch keine Stimme besitze; daß es keinen Jachid giebt, den ich nicht wöchentlich besuche; daß es keinen Schnorrer giebt, der mir nicht in die Verbannung folgen wird. Vergeßt nicht, daß es noch eine andere Gemeinde giebt, der man sich zuwenden kann — ja, dieselbe Eskanasygemeinde, die Ihr verachtet — gerade jetzt habe ich mit ihrem Schatzmeister gesprochen. — Das ist eine Gemeinde, die täglich an Wohlstand und Größe zunimmt, während Ihr in Eurer Trägheit schlummert."

Seine hohe Gestalt beherrschte das Zimmer, sein Kopf schien die Decke zu berühren. Die Räte saßen betäubt da, wie in einem Gewittersturm.

„Lump! Gottesläſterer! Schamloſer Renegat!"
ſchrie der Vorſitzende, und da er ſich bereits erhoben
hatte, ſtürzte er zur Glocke, an der er wie toll riß.
Der Kanzler erbleichte, als er bemerkte, daß er eine
Gelegenheit verloren hatte.

„Ich werde dieſes Zimmer nicht eher verlaſſen,
als es mir paßt," ſagte Manaſſe, indem er ſich auf
dem nächſten Stuhle niederließ und die Arme über
die Bruſt verſchränkte.

Ein Schrei des Entſetzens und der Beſtürzung
tönte aus allen Kehlen; ſämtliche Räte ſprangen drohend
in die Höhe und Manaſſe bemerkte, daß er auf dem
Lehnſtuhle des Vorſitzenden thronte.

Aber er wich und wankte nicht. „Nicht doch, be=
haltet Eure Plätze, Ihr Herren," ſagte er mit ſtoiſcher
Ruhe.

Bei dem Geräuſch drehte ſich der Vorſitzende um,
erblickte den Schnorrer auf ſeinem Stuhl, taumelte
und hielt ſich am Kaminſims feſt. Die Räte ſtanden
wie erſtarrt, während die Augen des Kanzlers wild
über die Wände ſchweiften, als erwartete er, daß die
goldenen Namen aus den Tafeln herausſpringen würden.
Der Tempeldiener, von dem heftigen Geklingel erſchreckt,
ſtürzte herein, blickte, der Befehle gewärtig, inſtinktiv zum
Throne hinüber und blieb wie verſteinert auf der
Schwelle. Sprachlos ſtarrte er Manaſſe an, während der
Vorſitzende gleich einem Stockfiſch am Lande ſich be=

mühte, den Befehl zum Hinauswerfen des Bettlers aus=
zusprechen.

„Starrt mich nicht so an, Gomez!" rief Manasse
gebieterisch. „Seht Ihr nicht, daß der Präsident ein
Glas Wasser braucht?"

Der Tempeldiener warf einen Blick auf den Vor=
sitzenden und stürzte dann, da er seinen Zustand be=
merkte, wieder hinaus, um Wasser zu holen. Das
war das letzte. Als der arme Vorsitzende sah, daß
seine Autorität ebenso usurpiert worden war, wie sein
Platz, wurde er ganz rasend. Ein paar Sekunden
lang bemühte er sich, einen Fluch auszustoßen, der
ebenso gegen seine geschlagenen Räte, wie gegen den
triumphierenden Bettler gerichtet war. Aber er brachte
nur einen unartikulierten, heiseren Schrei heraus und
taumelte seitwärts. Manasse sprang auf und fing die
sinkende Gestalt in seinen Armen auf. Einen furcht=
baren Augenblick lang hielt er sich aufrecht, während
tiefes Schweigen herrschte, das nur durch das un=
zusammenhängende Gemurmel des Bewußtlosen unter=
brochen wurde. Dann rief er zornig: „Rührt Euch,
Ihr Herren! Seht Ihr nicht, daß der Präsident krank
ist?", schleppte seine Last zu dem Tisch, legte sie, von
den erschreckten Räten unterstützt, flach darauf nieder
und riß das gekrauste Hemd auf. Mit einer fast
boshaften Bewegung schleuderte er das Merkbuch zu
Boden, um dem Vorsitzenden Platz zu machen.

Der Tempeldiener kehrte mit dem Glas Wasser zurück, das er beinahe fallen gelassen hätte. „Lauft nach einem Arzt," gebot Manasse; dann schüttete er das Wasser nachlässig in der Richtung des Kanzlers aus und fragte, ob Jemand etwas Branntwein bei sich hätte. Niemand gab Antwort.

„Nun, nun, Herr Kanzler," sagte er, „zieht nur Eure Flasche heraus."

Und der beschämte Beamte gehorchte.

„Hat einer von Euch eine Equipage draußen?" war die nächste Frage, die Manasse an den Machamad richtete.

Es war nicht der Fall; Manasse schickte daher den Vorsteher der Aeltesten fort, um eine Sänfte zu holen. Dann blieb nichts übrig, als auf den Arzt zu warten.

„Ihr seht, Ihr Herren, wie unsicher die irdische Macht ist," sagte der Schnorrer feierlich, während der der Vorsitzende, gegen seine eindringliche Moralpredigt taub, röchelnd atmete. „Sie wird im Nu verschlungen, wie Lissabon von der Erde. Verflucht ist, wer die Armen verachtet. Wie wahr ist das Wort unserer Weisen: „Ein Haus, das sich den Armen nicht öffnet, öffnet sich dem Arzte."

In der zunehmenden Dämmerung leuchteten seine Augen in unheimlichem Glanze. Die eingeschüchterte Versammlung beugte sich vor seinen Worten wie Schilf

vor dem Winde oder ein vom Gewissen geplagter
König vor einem furchtlosen Propheten.

Als der Arzt kam, gab er das Urteil ab, daß der
Vorsitzende einen leichten Schlaganfall und eine zeit=
weise Lähmung des rechten Fußes erlitten habe. Der
Kranke, der mittlerweile zum Bewußtsein gekommen
war, wurde in der Sänfte nach Hause geschafft und
der Machamad löste sich in Verwirrung auf. Manasse
war der Letzte, der die Ratsstube verließ. Als er in
den Korridor hinausstolzierte, drehte er den Schlüssel der
Thür mit einem rachsüchtigen Ruck hinter sich zu.
Dann steckte er die Hände in die Hosentasche und gab
dem Tempeldiener eine Krone, indem er heiter bemerkte:
„Ihr müßt wohl Eure gewöhnlichen Sporteln haben, wie?“

Der Tempeldiener war auf das Tiefste bewegt
und hatte einen Anfall von Ehrlichkeit, dem er nicht
zu widerstehen vermochte. „Der Vorsitzende giebt mir
immer nur eine halbe Krone,“ murmelte er.

„Ja, aber er wird vielleicht nicht imstande sein,
der nächsten Versammlung beizuwohnen. Vielleicht bin
auch ich nicht dabei.“

———————

6. Kapitel.
(Zeigt, wie der König die Synagoge
bereicherte.)

Die Synagoge war überfüllt — Mitglieder,
Waisenknaben, Schnorrer, Alle versammelten sich zur

Feier des Sabbats. Aber der Vorsitzende des Machamad fehlte; er litt noch immer unter den Nachwirkungen seines Anfalls und hielt es für das Klügste, zu Hause zu bleiben. Der Rat der Fünf hatte sich nicht versammelt, seit ihn Manasse aufgelöst hatte, und so blieb die Angelegenheit der Heirat seiner Tochter in der Schwebe, was inderthat nicht selten der Stand der von sepharbischen Körperschaften erörterten Angelegenheiten war. Nachdem die Behörde sich derart passiv verhielt, machte es Manasse wenig Schwierigkeiten, den untergeordneten Beamten seinen Willen aufzuzwingen. Seine Tochter sollte unter dem sepharbischen Trauhimmel getraut werden und dem Bräutigam kein Jota der synagogalen Ehren entzogen werden. An diesem Sabbat, dem letzten vor der Hochzeit, sollte Jankele wie ein echter Portugiese zum Lesen der Thora aufgerufen werden.

Mit einem Gefühl feierlicher Ehrfurcht, das nicht gerade Manasses großartigen Schilderungen des alten Tempels entsprang, erschien er zum erstenmale in der Synagoge der Väter seiner Braut. Er durchschritt in leichtfertiger Stimmung den Hof, denn nach seinen früheren Erfahrungen mit seinem zukünftigen Schwiegervater war er halb darauf vorbereitet, daß die Pracht sich als unwahr erweisen würde. Ihre unerwartete Wirklichkeit schüchterte ihn ein, und er war froh, daß er seinen besten Anzug trug. Sein Velpelhut, die

grünen Beinkleider und der braune Rock stellten ihn
den massiven Säulen, den funkelnden Armleuchtern
und dem majestätischen Dache gleich. Was Da Costa
betraf, so hatte er an seiner Kleidung keinerlei Ver=
änderung vorgenommen; aber er verlieh seinen schäbigen
Gewändern Würde, indem er sie mit stolzer Männlich=
keit ausfüllte und sein schnupftabakfarbenes Oberkleid
wie ein Purpurgewand trug. Seine Kleidung hatte
etwas Amtsmäßiges und war den Andächtigen ebenso
vertraut wie der schwarze Talar und die weißen
Bäffchen des Kantors. Es schien ganz selbstverständlich,
daß er als Erster zur Thora gerufen wurde, ganz ab=
gesehen von der Thatsache, daß er ein „Kohen", ein
Abkömmling Arons war — eine Abstammung, der
vielleicht seine majestätische Haltung zuzuschreiben war.

Als der Vorbeter mit kräftiger Stimme an=
stimmte: „Der gute Name — Manasse, der Sohn
Judas, der Priester, soll sich erheben, um das Gesetz
vorzulesen", wendeten sich alle Augen mit neu erregtem
Interesse auf den zukünftigen Schwiegervater. Ma=
nasse erhob sich ruhig, warf den herunterrutschenden
Talliß über die linke Schulter und schritt auf das.
Lesepult zu, wo er die Segenssprüche hersagte und an
der rechten Seite des Vorbeters stehen blieb, während
sein Abschnitt aus der heiligen Gesetzesrolle vorgelesen
wurde. In der Gemeinde befand sich mancher stattliche
Mann, aber keiner, der sich auf der Plattform besser

ausgenommen hätte. Es war ein schöner Anblick,
als Manasse der Gesetzesrolle seine Huldigung be=
zeigte; es erinnerte an die Begegnung zweier Herrscher.

Der große Moment trat jedoch ein, als der Vor=
beter, nachdem der Abschnitt zu Ende war, Manasses
Spenden für die Synagoge verkündigte. Der Betrag
war in einen langen Segensspruch eingeschlossen, wie
eine Münze, die in Papier gewickelt ist. Das war
immer ein bedeutender Augenblick, selbst wenn es sich
um unbedeutende Persönlichkeiten handelte. Vorher
wurde über die Freigebigkeit eines Jeden spekuliert
und nachher wurde sie kommentiert. Manasse, so war
die Ansicht Aller, würde sich, obwohl er ein großer
Schnorrer war, zur Höhe der Situation aufschwingen
und gewiß siebeneinhalb Schillinge spenden. Die
Schlaueren hatten eine Ahnung, daß er, um sich das
Ansehen unerschöpflicher Freigebigkeit zu geben, die
Summe in zwei oder drei besondere Spenden teilen
würde.

Die Schlaueren bekamen Recht und Unrecht, wie
es gewöhnlich geschieht. Der Vorbeter begann seine
wunderliche Formel: „Mischeberach —" indem er an
der Stelle innehielt, wo sich im Hebräischen ein leerer
Raum für den Betrag befindet. Er spann die Ein=
gangsworte: „Baabhur Schenadar" („Der gelobt") —
aus und der letzte Ton tönte wie das Schwingen
einer Stimmgabel weiter. Es war eine sensationelle

Pause; sie fand statt, weil er den Betrag vergessen
hatte oder in der elften Stunde Verstärkung forderte.
Es geschah oft, daß die Geizigen, unter dem Drucke
bevorstehender Veröffentlichung erschreckend, ihre Be=
träge leichtsinnig erhöhten.

„Baabhur Schenabar" — Die Gemeinde hing an
seinen Lippen. Mit seiner gewöhnlichen, fragenden
Geberde neigte er sein Ohr an Manasses Mund; sein
Gesicht hatte einen ungewöhnlichen Ausdruck der Ver=
blüffung und die der Plattform zunächst Stehenden
bemerkten, daß zwischen dem Schnorrer und dem Vor=
beter ein kleines Zwiegespräch stattfand. Der Letztere
war verwirrt und aufgeregt, der Erstere gemessen wie
immer. Die Verzögerung hatte den Vorbeter ebenso
aus der Fassung gebracht, wie sie die Neugierde der
Gemeinde gereizt hatte. Er wiederholte:

Baabhur schenabar — cinco livras — fuhr er
flüssig, ohne weitere Pause fort — „für die Armen
— für das Leben Jankows ben Itzchok, seines
Schwiegersohnes 2c. 2c.". Aber wenige der Andächtigen
hatten mehr gehört als „cinco livras" (fünf Pfund.) Ein
Schauer lief durch das Gebäude, die Leute spitzten
ungläubig die Ohren und flüsterten miteinander. Einer
verließ entschlossen seinen Platz und schritt auf die
Loge zu, in der der Vorsteher der Aeltesten saß. In
Abwesenheit des Vorsitzenden des Machamad führte
er den Vorsitz.

„Ich habe nicht recht gehört; wie viel war es?"
fragte er.

„Pfünf Pfund," antwortete der Vorsteher der
Aeltesten kurz. Er argwöhnte, daß sich hinter der
Spende des Bettlers eine unehrerbietige Ironie verbarg.
Der Segensspruch nahm ein Ende, und ehe die Zu=
hörer Zeit hatten, die Thatsache einzusehen, hatte der
Vorbeter einen neuen begonnen. Mischeberach —"
hob er in dem seltsamen, traditionellen Singsangton
an. Die Wogen der Neugierde stiegen wieder, noch
höher als zuvor.

„Baabhur schenadar —"

Die Wogen hielten einen Augenblick bewegungs=
los inne.

„Cinco livras!"

Die Wogen brachen sich mit leisem Gemurmel,
während der Vorbeter unerschüttert fortfuhr: „für
Oel, für das Leben seiner Tochter Deborah ꝛc. ꝛc."

Als er zu Ende war, herrschte eine tiefe Stille.
Sollte ein da capo kommen?

„Mischeberach —"

Abermals schwollen die Wogen der Neugierde
und stiegen und fielen mit der Ebbe und Flut der
finanziellen Segenssprüche.

„Baabhur schenadar — cinco livras — für Wachs=
kerzen."

Diesmal schwoll das Beben, das Flüstern, die

Unruhe zu einem entschiedenen Summen an. Die Blicke der ganzen Gemeinde waren auf den Bettler gerichtet, der in dem Glanze des Ruhmes unbeweglich dastand. Sogar die in ihrem Chorstuhle zusammengepferchten Waisenknaben ließen in ihrer Unaufmerksamkeit eine Pause eintreten und reckten den Hals nach der Plattform. Selbst die reichsten Magnaten pflegten nicht „Frömmigkeit" zu fünf Pfund den Point zu spielen.

In der Damengalerie herrschte größte Aufregung. Die Insassen derselben blickten eifrig durch das Gitter. Eine üppige, reichgekleidete, mit Juwelen überladene Dame von vierzig Lenzen hatte sich erhoben und blickte, auf den Zehenspitzen stehend, wie rasend über das Geländer, wobei ihre Feder wie ein Notsignal flatterte. Es war Manasses Gattin. Diese Verschwendung machte sie rasend; jede Spende traf sie wie ein vergifteter Pfeil und vergeblich bemühte sie sich, dem Auge ihres Gatten zu begegnen. Die Luft schien von Kleidern, Hüten und Reitröcken erfüllt zu sein, die vor ihrer Nase in Rauch aufgingen, ohne daß sie imstande war, zu ihrer Rettung Hand oder Fuß zu rühren. Ganze Garderoben gingen bei jedem Segensspruche zu Grunde.

Nur mit äußerster Anstrengung hielt sie sich davor zurück, ihrem verschwenderischen Gebieter von oben herab zuzuschreien. Vergebens bemühte sich die neben

ihr sitzende schöne Deborah, sie durch die Versicherung
zu beruhigen, daß Manasse gewiß nicht ˙ die Absicht
habe, je zu zahlen.

„Baabhur schenabar —". Der Segensspruch hatte
zum vierten Male angefangen.

„Cinco livras für das heilige Land." — Die Sen=
sation wurde immer größer. — „Für das Leben dieser
heiligen Gemeinde ꝛc." Der Vorbeter murmelte uner=
schütterlich, endlos weiter.

Der vierte Segensspruch näherte sich seinem Ende,
als man den Tempeldiener auf die Plattform steigen
und dem Vorbeter etwas ins Ohr flüstern sah. Nur
Manasse stand nahe genug, um die Botschaft zu hören.

„Der Vorsteher läßt Euch sagen, daß Ihr aufhören
sollt. Das ist der reine Hohn, der Mann ist ein
Schnorrer und unverschämter Bettler."

Der Tempeldiener stieg die Stufen wieder hinab,
und nach einer kurzen, unhörbaren Besprechung mit
Da Costa erhob der Vorbeter von neuem seine Stimme.
Der Vorsteher der Aeltesten runzelte die Stirne und
zerrte zornig an seinem Talliß.

Also ein fünfter Segensspruch! Des Vorbeters
Singsang nahm seinen Fortgang. „Baabhur schenabar
— cinco livras für die Gefangenen, für das Leben
des Vorstehers der Aeltesten —." Bei dieser zarten
Rache biß sich der Vorsteher wütend auf die Lippen,
und die Ahnung, daß die Gemeinde seine Botschaft

als eine Aufforderung zu dieser höflichen Aufmerk=
samkeit auffassen würde, brachte ihn fast zur Raserei.
Denn es gehörte zu den Annehmlichkeiten der Synagoge,
daß reiche Leute sich gegenseitig mit diesen Segens=
sprüchen beschenkten. So floß der endlose Strom der
Segenssprüche weiter und versetzte die Zuhörer in
fieberhafte Aufregung. Selbst die Waisenknaben ver=
gaßen, daß durch diese Verlängerung des Gottes=
dienstes ihr Frühstück bis ins Unendliche hinausge=
schoben wurde. Die Namen sämtlicher Vorsteher,
Würdenträger und Beamten, angefangen vom Vor=
sitzenden des Machamab bis zum Badewärter wurden
in einem besonderen Segensspruche geehrt und die Gaben
der meisten wöchentlichen Gönner Manasses bei dieser
einzig dastehenden, festlichen Gelegenheit beinahe in natura
zurückerstattet. Die meisten Gemeindemitglieder rechneten
mit, die Totalsumme stieg immer höher und höher. —

Plötzlich entstand auf der Damengalerie Ver=
wirrung, Geschrei und Lärm. Der Tempeldiener eilte
hinauf, um mit seiner Autorität Ordnung zu schaffen.
Es lief das Gerücht, daß Frau da Costa ohnmächtig
geworden und hinausgetragen worden sei. Das Ge=
rücht drang auch bis zu Manasse, aber er rührte sich
nicht. Unerschütterlich blieb er, segnend und spendend,
auf seinem Posten stehen.

„Baabhur schenabar — cinco livras — für das
Leben seiner Frau Sarah —". Und ein schwaches,

sardonisches Lächeln zuckte über das Gesicht des Bettlers.
Die Andächtigen fragten sich, was daraus werden
würde. Manasses Wohlthaten näherten sich in be=
ängstigender Weise dem höchsten Betrage, der bisher
von irgend jemandem bei irgend einer Gelegenheit er=
reicht worden war. Alle zerbrachen sich mit Vermutungen
den Kopf. Der vor ohnmächtiger Wut schäumende
Vorsteher der Aeltesten stand mit seiner Ahnung, daß
hier ein gotteslästerlicher Spott getrieben wurde, nicht
allein, aber die Meisten bildeten sich ein, daß der
Schnorrer zu Vermögen gekommen oder immer ein
wohlhabender Mann gewesen sei, der jetzt dieses Mittel
ergreife, um der Synagoge die Kapitalien zurück=
zuerstatten, die er von ihr erhalten hatte. Der Spring=
brunnen der Wohlthätigkeit sprang weiter.

Die Rekordziffer wurde erreicht und weit hinter
sich zurückgelassen. Als endlich der arme, durch die so
häufige Wiederholung derselben Formel halbtote Vor=
beter — alle Spenden hätten gleich beim ersten Male
abgethan werden können, aber Manasse hatte jeden
Segensspruch verlangt, als komme ihm ein neuer Ge=
danke — den Leviten aufrufen durfte, der auf Manasse
folgte, war die Synagoge um hundert Pfund reicher
geworden. Der letzte Segensspruch hatte den Namen
des ärmsten anwesenden Schnorrers enthalten — eine
Anerkennung und Verherrlichung des eigenen Standes
Manasses, die auf dieses sensationelle Denkmal der

königlichen Heirat den Schlußstein legte. Inderthat,
es war eine königliche Munifizenz, eine erhabene Huld.
Noch nicht genug — ehe der Gottesdienst zu Ende war,
bat Manasse sogar den Vorsteher der Aeltesten, ein
besonderes Bittgebet für einen Kranken sagen zu lassen.
Der Vorsteher, der gemeiner Weise die Gelegenheit ergriff, um Repressalien zu üben, schlug die Bitte ab,
bis er erfuhr, daß Manasse den kranken Vorsitzenden des
Machamad meinte und nun schmählich nachgeben mußte.

Aber der wirkliche Held des Tages war Jankele,
der wohl hauptsächlich im reflektierten Lichte, aber noch
heller als der Spanier leuchtete. Denn an ihm haftete
der doppelte Glanz des Bräutigams und des Fremden.
Er war die Ursache und der Mittelpunkt der Sensation.
Seine Augen blinzelten während der ganzen Zeit un-
aufhörlich. —

Am nächsten Tage machte sich Manasse auf den
Weg, um die hundert Pfund einzusammeln. Da es
Sonntag war, erwartete er, die meisten seiner Kunden
zuhause zu treffen. Er wählte zuerst Grobstock, da
dieser am nächsten wohnte. Aber der würdige Spekulant
und Direktor der ostindischen Kompagnie erspähte ihn
aus einem oberen Fenster und entschlüpfte durch die
Hinterthür — eine weise Maßregel, da der un-
gläubige Manasse das ganze Haus durchstöberte.

Der König tröstete sich, indem er seinen nächsten
Besuch bei einer Persönlichkeit abstattete, die ihm nicht

recht gut entschlüpfen konnte: dem kranken Vorsitzenden des Machamad. Dieser lebte in einsamer Pracht in Devonshire-Square. Manasse belagerte ihn in seinem Bibliothekzimmer wo der Rekonvalescent eben seine Kupferstichsammlung ordnete. Der Besucher hatte sich als ein Herr melden lassen, der in „Angelegenheiten der Synagoge" komme und der Vorsitzende des Machamad, der viel Gemeinsinn besaß, ließ sich nicht verleugnen. Als er jedoch Manasse erblickte, verzerrten sich seine aufgeblasenen Züge, er atmete mühsam und drückte die Hand auf seine Hüfte.

„Ihr?" keuchte er.

„Nehmt Euch in Acht, mein lieber Herr nehmt Euch in Acht," sagte Manasse, während er sich nieder= setzte. „Ihr seid noch immer schwach. Ich will gleich zur Sache kommen, denn ich möchte nicht einen Mann stören, der der Gemeinde unentbehrlich ist, der bereits wegen seiner Behandlung der Armen die Hand des Allmächtigen gespürt hat —"

Er sah, daß seine Worte die gewünschte Wirkung thaten; denn diese reichen Säulen der Synagoge waren in der Not äußerst abergläubisch. „Ich will zur Sache kommen," fuhr er in sanftem Tone fort. „Es ist meine Pflicht, Euch mitzuteilen — denn ich bin der Einzige, der es weiß, — daß unsere Synagoge während Eurer Abwesenheit eine dubiose Schuld= forderung bekommen hat."

„Eine dubiose Schuldforderung!" In den Augen des Vorsitzenden begann es zornig zu funkeln. Von altersher bestand der Gebrauch, den Mitgliedern der Gemeinde Darlehen aus den Fonds zu geben, und der Vorsitzende hatte sich immer dagegen gewehrt. „Es wäre nicht geschehen, wenn ich zugegen gewesen wäre," rief er.

„Gewiß nicht!" gab Manasse zu. „Ihr würdet der Sache gleich am Anfange ein Ende gemacht haben. Der Vorsteher der Aeltesten versuchte es auch, aber es gelang ihm nicht."

„Das Schaf!" rief der Vorsitzende. „Ein Mensch ohne jede Willenskraft! Wie hoch beläuft sich die Schuldforderung?"

„Hundert Pfund!"

„Hundert Pfund?" wiederholte der Vorsitzende, durch diesen Fleck auf seinem Amtsjahre ernstlich beunruhigt. „Und wer ist der Schuldner?"

„Ich."

„Ihr? Ihr habt Euch hundert Pfund ausgeliehen? — Ihr Lump!"

„Still, Herr! Wie könnt Ihr Euch unterstehen? Ich würde dieses Zimmer sofort verlassen, wenn ich nicht bleiben müßte, bis ich Eure Entschuldigung entgegen genommen habe. Noch nie in meinem Leben habe ich mir hundert Pfund ausgeborgt, nie sogar einen Heller. Ich bin kein Pumper. Wenn Ihr ein Ehrenmann seid, werdet Ihr um Entschuldigung bitten."

„Es thut mir leid, wenn ich Euch mißverstanden habe," murmelte der arme Vorsitzende. „Wie kommt es also, daß Ihr das Geld schuldig seid?"

„Wieso?" wiederholte Manasse ungeduldig. „Versteht Ihr noch immer nicht, daß ich es der Synagoge gespendet habe?"

Der Vorsitzende starrte ihn mit offenem Munde an.

„Ich spendete es gestern zur Feier der Hochzeit meiner Tochter."

Der Vorsitzende stieß einen Seufzer der Erleichterung aus. Die Sache amüsierte ihn sogar ein wenig.

„Oh! Ist das Alles? Nun, es sieht Eurer verwünschten Unverschämtheit ähnlich; aber die Synagoge verliert ja nichts dabei. Es macht also nichts."

„Was sagt Ihr da?" fragte Manasse streng. „Wollt Ihr damit sagen, daß ich das Geld nicht zahlen soll?"

„Wie könnt Ihr denn?"

„Wie ich es kann? Ich komme zu Euch und Euers Gleichen, damit Ihr für mich zahlt."

„Unsinn! Unsinn!" rief der Vorsitzende, dem abermals die Geduld auszugehen begann. „Wir wollen die Sache gut sein lassen. Schaden haben wir ja nicht davon."

„So also spricht der Vorsitzende des Machamad," monologisierte der Schnorrer in bitterem Erstaunen. „So spricht das Haupt unseres alten, frommen Rates! Wie, Herr, Ihr seid der Meinung, daß Worte, die feierlich in der Synagoge gesprochen wurden, von keiner Bedeutung sind? Wollt Ihr, daß ich mein feierliches Gelübde breche? Wollt Ihr die Satzungen der Synagoge in Mißkredit bringen? Wollt Ihr — einer, den der Arm Gottes bereits einmal getroffen hat — abermals seine Züchtigung auf Euch herab= rufen?"

Der Vorsitzende war ganz blaß geworden; der Kopf wirbelte ihm.

„Nein," fuhr der König unerbittlich fort, „bittet den Himmel um Vergebung und berichtigt meine Schuld zum Zeichen Eurer Reue, wie es geschrieben steht: „Und Reue und Gebet und Wohlthätigkeit wenden den bösen Ratschluß ab."

„Keinen Pfennig!" schrie der Vorsitzende mit einem letzten Schimmer von Vernunft und schritt wütend auf den Klingelzug zu. Mit einem Male blieb er stehen, denn er erinnerte sich plötzlich an eine ähnliche Szene in der Ratsstube.

„Ihr braucht Euch nicht die Mühe geben, noch= mals um einen Schlaganfall zu klingeln," sagte Manasse grimmig. „Die Synagoge soll also entweiht werden, und selbst der Segensspruch, den ich in meiner Redlichkeit

und Versöhnlichkeit für den Vorsitzenden des Machamad
sagen ließ, soll Null und nichtig sein. — Ein Hohn
im Angesichte des Allerheiligsten — gelobt sei sein
Name!"

Der Vorsitzende taumelte auf seinen Lehnstuhl
nieder.

„Wie viel habt Ihr für mich gelobt?"

„Fünf Pfund."

Der Vorsitzende zog hastig eine Brieftasche hervor,
und entnahm ihr eine funkelnagelneue Note der Bank
von England.

„Gebt das dem Kanzler," hauchte er erschöpft.

„Schade," rief Manasse klagend, indem er die
Banknote in den Busen steckte, „ich hätte zehn Pfund
für Euch geloben sollen" und er zog sich mit einer
Verbeugung zurück.

In gleicher Weise sammelte er an diesem Tage
Beträge von anderen sephardischen Berühmtheiten,
indem er ihnen auseinandersetzte, daß sie die Pflicht
hätten, sich von ihrer besten Seite zu zeigen, nachdem
ein fremder Jude — nämlich Jankele — zu ihrer
Gemeinde zugelassen worden sei. Was für eine böse
Wirkung würde es haben, wenn Jankele sehen
würde, daß ein Sephardi straflos ausginge, wenn er
sein Gelübde nicht einhalte. Der erste Eindruck sei
immer der maßgebende; man könne sich nie genug in
Acht nehmen. Es würde nicht gut thun, wenn Jankele

unter seiner Sippe häßliche Gerüchte über die Gemeinde verbreiten würde. Jene, die ihm wegen seiner Ver= schwendung Vorwürfe machten, erinnerte er, daß er nur eine einzige Tochter habe, und lenkte ihre Auf= merksamkeit auf den günstigen Einfluß, den sein Beispiel auf die Einnahmen des Sabbats gemacht habe. Keiner von Denen, die nach ihm zur Thora aufgerufen wurden, hatte es gewagt, eine halbe Krone zu spenden. Für diesen Tag wenigstens hatte er den Tarif in Gold festgesetzt, und wer weiß, welchen edlen Wetteifer er für die Zukunft entzündet hatte.

Jeder, der Manasses Beredsamkeit nachgab, war eine Staffel zu den Nächsten, denn Manasse verfertigte eine Liste der Spender und zeigte sie vorwurfsvoll jenen, die noch zu geben hatten. Uebrigens fand er in manchen Häusern den hartnäckigsten Widerstand. Ein gewisser Rodriguez, der in Finsbury=Circus wohnte, war ausgesprochen grob.

„Wenn ich in einer Kutsche vorgefahren käme, würdet Ihr recht schnell Eure zehn Pfund für die Synagoge aus der Tasche ziehen," höhnte Manasse, dessen Blut schon kochte.

„Gewiß würde ich das," gab Rodriguez lachend zu, und Manasse schüttelte mit Verachtung den Staub dieser Schwelle von seinen Füßen.

Infolge solcher Abweisungen erreichte die Samm= lung dieses Tages blos dreißig Pfund, einschließlich des Wertes einiger herabgesetzter, portugiesischer Wechsel, die er gutmütig für al pari annahm.

Da Costa war von der Niedrigkeit der Menschheit angeekelt und sein Genie entwarf drastischere Maßregeln. Nachdem er die sonntägliche Einnahme und so ziemlich sein ganzes Bargeld in seine Kasse eingeschlossen hatte — denn um Ausgaben zu vermeiden, trug er selten Geld bei sich, außer solches, das er unterwegs einsammelte — begab er sich nach Bishopsgate, um mit der Post nach Clapton zu fahren. Es war ein heller Tag und er summte eine festliche Synagogenmelodie vor sich hin, während er, auf seinen Stock gelehnt, gemächlich durch die belebten Straßen hintrabte, die auf der einen Seite von Gemüseständen, auf der anderen von gegiebelten, mit grotesken Schildern behangenen Häusern begrenzt und von Spießbürgern in wollenen Decken erfüllt waren.

Als er jedoch bei dem Gasthause anlangte, war die Postkutsche schon fort. Ohne sich dadurch bekümmern zu lassen, bestellte er in hochmütigem Ton eine Postchaise, kritisierte die Pferde und fuhr dann, von einem Paar flinker Rosse gezogen, beim Klang des Posthorns im Staate nach Clapton. Bald ließen sie die engen Straßen, mit ihrer langsamen Prozession von Karren, Kutschen und Sänften hinter sich und gelangten auf das in frischem Frühlingsgrün prangende offene Land. Die Postchaise hielt bei dem „roten

Hause", einer hübschen Villa, deren Façade von amerika=
nischer Weinrebe bedeckt war, die sich im Herbste röt=
lich färbte. Manasse war überrascht, mit welchem
Geschmacke das Rasenparterre im italienischen Stil
mit Grotten und Marmorfiguren angelegt war. Als
der Besitzer des Hauses das Posthorn hörte, war er
der Meinung, daß eine hohe Persönlichkeit ihn besuche,
und ließ sagen, daß er sich in den Händen seines
Friseurs befinde, aber in weniger als einer halben
Stunde herabkommen würde. Das stimmte zu den
Auskünften, die Manasse über den Mann erhalten
hatte. Es war ein gewisser Belasco, der mit den
großen Gecken wetteiferte, ein Liebhaber seidener Westen
und neuartiger Schuhriemen. Manasse hatte ihn noch
nie gesehen, da er sich nie die Mühe gegeben hatte,
so weite Reisen zu unternehmen. Aber die hübsche
Ausstattung der Vorhalle und der Treppe weissagte
ihm das Beste. Die Gemächer waren noch mehr
nach seinem Geschmacke; sie waren mit Eichenholz
getäfelt und mit den kostbarsten Kunst= und Luxus=
gegenständen angefüllt. Auf den Wänden des
Salons befanden sich Freskogemälde, und von der
Decke hing ein siebenarmiger, glänzender Kronleuchter
herab.

Nachdem Manasse die Möbel genügend betrachtet
hatte, bekam er das Warten satt und begab sich in
Belascos Schlafgemach. „Entschuldigt, Herr Belasco,"

sagte er, während er durch die halb offenstehende Thür eintrat, „aber mein Geschäft ist sehr dringend."

Der junge Geck, der vor dem Spiegel saß, blickte nicht auf, sondern sagte: „Seht Euch vor, Herr, Ihr habt meinen Haarkünstler beinahe erschreckt."

„Ferne sei es von mir, einen Künstler mit Absicht zu stören", antwortete Manasse trocken. „Nach der Eleganz der Zeichnung zu schließen, glaube ich jedoch nicht, daß mein Kommen auch nur ein Haar breit Unterschied daran machen wird. — Ich komme wegen einer Angelegenheit, die der Sohn Benjamin Belascos sicherlich für dringender halten wird als seine Toilette".

„Nicht doch, Herr. Was kann wichtiger sein?"

„Die Synagoge!" sprach Manasse streng.

„Pah! Was redet Ihr da, Herr?" rief Jener und blickte zum erstenmale vorsichtig zu der malerischen Gestalt auf. „Was will die Synagoge von mir? Ich zahle meine Finta und jede Rechnung, die die Kerle mir schicken. Bei Gott, es sind ganz nette Sümmchen."

„Aber Ihr laßt Euch nie dort sehen."

„Nun, ein Weltmann kann nicht überall sein. Routs und Rigotti nehmen einem verteufelt viel Zeit weg."

„Wie schade! Ihr geht sehr ab," antwortete Manasse ironisch. „Es ist kein sehr erbauliches Schauspiel — der schmutzige Pöbel hat Niemanden, der ihm das Beispiel des Geschmackes gäbe."

In den Augen des blassen Stutzers leuchtete ein Schimmer des Interesses auf.

„Ach, die Tölpel!" sagte er. „Nach Euerer Kleidung zu schließen, seid ihr gewiß selbst ein Stutzer aus der excentrischen Schule; aber ich halte mich an die alten Traditionen der Eleganz."

„Es wäre besser, wenn Ihr Euch an die alten Traditionen der Frömmigkeit halten würdet!" rief Manasse. „Euer Vater war ein Heiliger, und Ihr seid ein Sünder in Israel! Kehret zur Synagoge zurück und verkündet Euere Rückkehr, indem Ihr zu ihren Einkünften beiträgt. Sie hat eine dubiose Schuldforderung und ich sammle Geld, um sie ihr zu ersetzen."

Der junge Geck gähnte. „Ich weiß nicht, wer Ihr seid, aber sicherlich seid Ihr keiner von uns," sagte er endlich. „Was die Synagoge betrifft, so bin ich bereit, ihre Kleidung zu reformieren, aber verdammt will ich sein, wenn ich noch einen Schilling für ihre Finanzen hergebe. Das sollen Euere schmutzigen Handelsleute thun — ich kann mir den Luxus nicht gestatten."

„Ihr könnt ihn Euch nicht gestatten?"

„Nein, Ihr seht, ich habe solche verschwenderische Passionen."

„Aber ich gebe Euch ja die Gelegenheit zur Verschwendung," rief Manasse. „Giebt es einen größeren Luxus, als Gutes zu thun?"

12

„Zum Teufel, Herr, ich muß Euch bitten, zu gehen," sagte Belasco kalt. „Seht Ihr nicht, daß Ihr meinen Friseur aus der Fassung bringt?"

„Ich kann keinen Moment länger in diesem gott= losen, wenn auch geschmackvollen Hause bleiben," sprach Manasse, indem er sich mit strenger Miene der Thür zuwendete. „Doch um der seligen Ruhe Eures Vaters willen möchte ich Euch zum letzten Male anflehen, Eure bösen Gewohnheiten abzulegen."

„Zum Teufel, ich brauche Eure Einmischung nicht!" rief der junge Stutzer. „Ich unterstütze mit meinem Gelde Männer von Genie und Geschmack — für eine Bande stinkender Krämer soll es nicht weg= geworfen werden."

Der Schnorrer richtete sich zu seiner vollen Höhe auf und seine Augen sprühten Feuer. „So lebt denn wohl," zischte er in einem schrecklichen Ton. „Ihr werdet der Dritte sein."

Er verschwand, während der Geck in unbestimmtem Schreck in die Höhe fuhr und durch die geheimnis= volle Drohung, die in diesem schrecklichen Zischen lag, sogar an sein Haar vergaß.

„Was meint Ihr?" rief er.

„Was ich meine?" wiederholte Manasse, wieder in der Thür erscheinend. „Seit die Welt geschaffen wurde, haben blos zwei Männer ihre Kleider mit ins Jenseits genommen. Der eine war Korah, den die

Erde verschlang, der zweite war Elia, der zum Himmel auffuhr; es ist klar, welche Richtung der Dritte einschlagen wird."

Die schlummernde Saite des Aberglaubens vibrierte unter Manasses geschickter Berührung.

„Freue Dich Deiner Kraft, o Jüngling," fuhr der Bettler fort. „Aber ein Tag wird kommen, da nur die Totenwächter für Deine Toilette sorgen werden. In reines Weiß werden sie Dich kleiden, und der Teufel wird nie wissen, was für ein Stutzer Du gewesen bist."

„Wer seid Ihr, daß ich Euch Geld für die Synagoge geben soll?" fragte der Geck trotzig. „Wo ist Euer Beglaubigungsschreiben?"

„Habt Ihr mich zurückgerufen, um mich zu beschimpfen? Sehe ich wie ein Betrüger aus? Nein, steckt Eueren Beutel nur wieder ein. Ich will nichts von Euerem schmutzigen Golde haben. Laßt mich gehen."

Nach und nach ließ sich Manasse herbei, zehn Pfund anzunehmen.

„Um Eures Vaters willen," sagte er, sie einsteckend. „Das Einzige, was ich um Eurer selbst willen nehmen werde, sind die Auslagen für meine Fahrt. Ich mußte mit der Post herfahren, und die Synagoge darf nichts verlieren."

Herr Belasco gab mit Vergnügen auch dieses Geld her und ließ sich mit angenehmen Empfindungen

seines bisher vernachlässigten Gewissens vor dem
Spiegel wieder nieder. „Ihr seht, man kann nicht
Alles thun," bemerkte er entschuldigend, denn Manasse
blieb noch zögernd stehen. „Wenn man ein Fürst der
Eleganz sein will, muß man seine ganze Zeit darauf
verwenden." Er deutete mit der Hand auf die Wände,
die ganz mit Kleiderschränken bedeckt waren. „Meine
hirschledernen Hosen waren das Ergebnis von neun
einzelnen Proben. Seht Ihr, wie sie passen?"

„Ich finde, daß sie Eurem Rufe nicht entsprechen,"
antwortete Manasse offenherzig.

Belascos Gesicht wurde noch weißer als vorhin
bei dem Gedanken an Erdbeben und Teufel. „Sie
passen mir zum Platzen," hauchte er.

„Aber sind sie die letzte Mode? Die Nanking=
beinkleider dort drüben sind ganz entschieden schon im
vorigen Jahre getragen worden."

„Mein Schneider sagte, daß sie einen besonderen
Schnitt besitzen. Es ist eine Form, die ich einführe
— bauschig, zu gekrausten Hemden passend."

Manasse schüttelte zweifelnd den Kopf, worauf
der Stutzer ihn anflehte, seine Garderobe durchzusehen
und Alles auszuscheiden, was nicht originell genug
oder außerordentlich modern sei. Nach langem Zögern
willigte Manasse ein und schied aus der ungeheuren
Kollektion ein paar Kravatten, Hemden, Perrücken
und Anzüge aus.

„Aha, das ist Alles, was Ihr finden könnt," sagte der Stutzer freudestrahlend.

„Ja, das ist alles," antwortete Manasse traurig. „Mehr finde ich nicht, was Euerem Rufe entspricht. Dies hier verrät den Mann von Geschmack und Erfindungsgabe, das Uebrige ist nur Flitterstaat; so etwas kann ein Jeder tragen."

„Ein Jeder?" stammelte der arme Stutzer ins Herz getroffen.

„Ja, so etwas könnte ich selber tragen."

„Ich danke Euch, ich danke Euch. Ihr seid ein ehrlicher Mann. Ich liebe aufrichtige Kritik, wenn der Kritiker dabei nichts zu gewinnen hat. Euer Besuch hat mich wirklich hoch erfreut. Diese Lumpen soll nun mein Lakai bekommen."

„Nicht doch, warum wollt Ihr sie an den Heiden verschwenden?" fragte Manasse, dem plötzlich ein Gedanke kam. „Erlaubt mir, sie zu Gunsten der Synagoge zu veräußern."

„Wenn es Euch nicht zu viel Mühe machen würde!"

„Was thäte ich nicht für den Himmel!" sagte Manasse mit Gönnermiene. Er riß plötzlich die Thür des Nebenzimmers auf, so daß der davor knieende, scheel dreinblickende Lakai sichtbar ward. „Tragt das hinunter, lieber Freund," sagte er ruhig, und der Lakai war nur allzufroh, seine Verwirrung, beim

Lauschen ertappt worden zu sein, verbergen zu können, indem er mit einem Arm voll Seidenröcken zum Wagen hinabeilte.

Manasse schüttelte verzweifelt den Kopf, während er den Rest zusammenpackte. „Das bringe ich nie in die Postchaise hinein," sagte er. „Ihr werdet mir Euren Wagen leihen müssen."

„Könnt Ihr sie nicht abholen?" fragte der Stutzer mit schwacher Stimme.

„Warum sollte ich das Geld der Synagoge auf Mietwagen verschwenden? Nein, wenn Ihr Eurer Güte die Krone aufsetzen wollt, indem Ihr mir den Bedienten mitgebt, damit er mir beim Auspacken hilft, so werdet Ihr Eure Equipage in einer oder zwei Stunden wieder haben."

So fuhr die Karosse mit zwei prächtigen Rossen vor, und Manasse überwachte, nachdem er den Kutscher, Lakaien und Bedienten in seine Dienste gepreßt hatte, das Aufladen der Garderobe Belascos auf die zwei Gefährte. Dann nahm er seinen Sitz in der Karosse ein, der Kutscher und der prächtig gepuderte Bediente stiegen auf den Bock, und die Prozession setzte sich unter fröhlichen Hörnerklängen in Bewegung, während Manasse sich liebenswürdig gegen den Herrn des roten Hauses verbeugte, dessen spitzenumsäumte Hand aus einem grünumrankten Fenster herauswinkte.

Nach einer angenehmen Fahrt hielt der Wagen vor dem von steinernen Löwen bewachten Hause, in dem Nathaniel Furtado, der reiche Kleiderhändler, wohnte. Er gab gerne fünfzehn Pfund für die spitzenbesetzten und gestickten Kleider des Stutzers, und außerdem ließ er sich noch zu einer Spende im Betrage von einer Guinee für die ausständige Schuld der Synagoge verlocken. Daraufhin schickte Manasse die Postchaise mit einem schönen Trinkgeld fort und fuhr in der jetzt leeren Karosse, mit dem gepuderten Bedienten auf dem Bock, nach Finsbury Circus, zu dem Hause des Robriguez.

„Ich komme, mir meine zehn Pfund holen," sagte er und erinnerte ihn an sein Versprechen.

Robriguez lachte, fluchte, lachte wieder und schwur, daß der Wagen nur gemietet sei, um dann von den zehn Pfund bezahlt zu werden.

„Gemietet?" fragte Manasse. „Erkennt Ihr denn nicht das Wappen meines Freundes, des Herrn Belasco?" Und er fuhr schnell mit der Banknote fort, denn Robriguez war ein Schelm. Dann schickte der König die Equipage fort und begab sich zu Fuß nach Fenchurch-Street zu seinem Vetter Barzillai, dem Ex-Pflanzer von Barbadoes und gegenwärtigen westindischen Kaufherrn.

Barzillai pflegte, da er vor seinen Schreibern beschämt zu werden fürchtete, seinen Verwandten stets in die in der Nähe gelegene Taverne zu führen und mit teuren Liqueuren zu bewirten.

„Ihr hattet aber kein Recht, Geld zu spenden, das Ihr nicht besitzt. Das war unehrlich," rief er, nicht imstande, seinen Zorn zu unterdrücken.

„Potztausend," rief Manasse, sein Glas so heftig niedersetzend, daß der Stengel brach. „Wurdet Ihr nicht nach mir zur Thora aufgerufen? Habt Ihr nicht auch gespendet?"

„Gewiß! Aber ich hatte das Geld dazu."

„Was, Ihr hattet es bei Euch?"

„Nein, nein, gewiß nicht! Am Sabbat trage ich kein Geld bei mir."

„Natürlich, ich ebensowenig."

„Aber das Geld lag bei meinem Bankier."

„Das meinige ebenfalls. Ihr seid mein Bankier, Ihr und Euresgleichen, Ihr trassiert auf Euren Bankier, ich auf die meinigen."

Nachdem Manasse seinen Vetter derartig widerlegt hatte, fiel es ihm nicht schwer, ihm zweiteinhalb Pfund herauszulocken.

„Aber nun solltet Ihr wirklich etwas dazuthun, um den Verlust, den die Synagoge erleidet, zu verringern," sagte er.

„Was habe ich denn jetzt gethan?" rief Barzillat verblüfft.

„Das habt Ihr mir als Vetter gegeben, um Euren Verwandten instand zu setzen, seinen Verpflichtungen nachzukommen. Ich halte das für etwas rein Persönliches. Nun aber bitte ich für die Synagoge, der ein schwerer Verlust bevorsteht; Ihr seid nicht nur mein Vetter, sondern auch ein Sephardi. Dieser Unterschied gleicht jenem, den ich Euch so oft erklären muß; Ihr seid verpflichtet, mir Almosen zu geben, nicht nur als Vetter, sondern auch als Schnorrer."

Nachdem er dem ganz umnebelten Kaufherrn eine weitere Guinee abgepreßt hatte, begab er sich in Grobstocks Kontor, um den Wortbrüchigen zu suchen.

Aber der schlaue Grobstock, durch Manasses Versprechen, ihn zu besuchen, gewarnt und durch seinen sonntägigen Morgenbesuch bereits erschreckt, hatte Befehl gegeben, ihn vor dem Schnorrer und Jedem, der nur eine entfernte Aehnlichkeit mit ihm besäße, zu verleugnen. Erst am Nachmittag erwischte ihn Manasse in Sampsons Kaffeehaus, in Exchange-Alley, wo die Makler sich versammelten und allerlei Leute, vom Stutzer bis zum Advokaten herumlungerten, um womöglich einen Wink aufzuschnappen, wie man leicht zu Reichtum gelangen könnte. Manasse entdeckte seine Beute am vordersten Tische. Das Gesicht Grobstocks war hinter einer ausgebreiteten Zeitung verborgen.

„Warum kommt Ihr immer zu mir?" murmelte der Direktor der ostindischen Kompagnie hilflos.

„Wie?" sagte Manasse, seinen Ohren nicht trauend. „Verzeiht, ich habe Euch nicht verstanden."

„Wenn Euch Eure eigene Gemeinde nicht erhalten kann," sagte Grobstock noch lauter und mit aller Kühnheit eines gestellten Wildes, „warum geht Ihr da nicht zu Abraham Goldschmid oder zu seinem Bruder Ben oder van Oven oder Oppenheim? Die sind Alle viel reicher als ich."

„Herr!" sagte Manasse wütend. „Ihr seid ein geschickter — nicht doch — ein berühmter Finanzier, Ihr wißt, welche Aktien zu verkaufen sind, wann eine Baisse, wann eine Hausse entsteht. Wenn der Premierminister die Anleihen ausschreibt, blicken die Augen von tausend Spekulanten auf Euch als ihren Führer. Was würdet Ihr sagen, wenn ich mir anmaßen würde, mich in Eure finanzielle Geschäfte zu mischen? Wenn ich Euch raten würde, diese Aktien auszugeben oder jene einzuziehen? Ihr würdet sagen, daß ich mich um meine eigenen Geschäfte kümmern soll und würdet ganz recht haben. Nun, Schnorren ist mein Geschäft. Glaubt mir, ich weiß am Besten, zu wem ich kommen soll. Kümmert Euch um Eure Aktien und überlaßt das Schnorren mir. Ihr seid der König der Finanziers, aber ich bin der König der Schnorrer."

Grobstocks Empörung über die Entgegnung wurde von dem Komplimente gemildert, das Manasse seinem finanziellen Verständnisse machte. Freilich kam es ihm unerwartet, daß er mit dem Bettler auf den gleichen Standpunkt gestellt wurde.

„Wollt Ihr eine Tasse Kaffee haben?" sagte er.

„Nach einem solchen Empfang dürfte ich es eigentlich nicht thun," antwortete Manasse, dessen Zorn sich noch nicht gelegt hatte. „Ich schnorre ja nicht einmal für mich selbst, sondern wollte Euch nur die Gelegenheit geben, zu den Einkünften unseres Gotteshauses beizutragen."

„Aha! Euere vielgepriesene Gemeinde ist also in der Klemme?" fragte Grobstock mit wohlgefälligem Zwinkern.

„Herr! Wir sind die reichste Gemeinde der Welt, wir brauchen Niemanden," protestierte Manasse empört, während er zerstreut die Tasse Kaffee nahm, die Grobstock für ihn bestellt hatte. „Die Sache ist einfach die, daß ich zur Feier der Hochzeit meiner Tochter der Synagoge hundert Pfund gespendet habe, die ich noch nicht einzusammeln vermochte, obwohl ich bereits eineinhalb Tage meiner kostbaren Zeit diesem Zwecke gewidmet habe."

„Aber warum kommt Ihr zu mir?"

„Was? Das fragt Ihr schon wieder?"

„Ich — ich meine — warum soll ich zu einer portugiesischen Synagoge beitragen?" stammelte Grobstock.

Manasse schnalzte vor Verzweiflung über eine solche Dummheit mit der Zunge. „Gerade Ihr sollt mehr beitragen als ein Portugiese."

„Ich?" Grobstock fragte sich, ob er wach sei.

„Ja, Ihr! Ward nicht das Geld zu Ehren der Hochzeit eines deutschen Juden gespendet? Es war eine großartige Rechtfertigung Euerer Gemeinde."

„Das ist doch zu viel!" schrie Grobstock außer sich und vor Wut beinahe erstickend.

„Zu viel, um den Tag zu bezeichnen, an dem der erste Tedesko in unserer Gemeinde aufgenommen worden war? Ihr bereitet mir eine tiefe Enttäuschung Ich dachte, daß Ihr meiner Großmut Lob spenden würdet."

„Mich kümmert nicht, was ihr dachtet," keuchte Grobstock. Die Lächerlichkeit der Forderung brachte ihn thatsächlich außer sich, aber er freute sich, daß er gegen den einschmeichelnden Schnorrer so tapfer Stand hielt. Wenn er jetzt nur fest blieb, dachte er bei sich, könnte er sich für immer von ihm freimachen. Ja, er würde stark bleiben, und Manasse nie wieder wagen, sich an ihn zu wenden.

„Keinen Farthing gebe ich her," brüllte er.

„Wenn Ihr eine Szene machen wollt, gehe ich," sagte Manasse ruhig. „Schon jetzt sind alle Augen und Ohren auf uns gerichtet. Nach Euren Reden werden die Leute mich für einen ungestümen Mahner und Euch für einen Bankerotteur halten."

„Sie können sich zum Teufel scheren und Ihr auch!" donnerte Grobstock.

„Gotteslästerer! Ihr gebt mir also den Rat, den
Teufel um einen Beitrag für die Synagoge zu bitten?
Aber ich will mich mit Euch in kein Wortgefecht einlassen. Ihr weigert Euch also, zu diesem Zwecke beizutragen?"

„Das will ich meinen!"

„Nicht einmal die fünf Pfund wollt Ihr geben,
die ich für das Wohl Jankeles, eines von Euren Leuten
gelobte?"

„Was? Ich soll für Jankele, einen schmutzigen
Schnorrer, bezahlen?"

„Wie, in dieser Weise sprecht Ihr von Eurem
Gaste?" sagte Manasse in schmerzlichem Erstaunen.
„Vergeßt Ihr, daß Jankele an Eurem Tische gesessen
hat? Nun vielleicht sprecht Ihr in dieser Weise auch
über mich, wenn ich den Rücken kehre. Aber hütet
Euch: Gedenket der Worte unserer Weisen: „Du und
ich können nicht zusammen in der Welt leben, sprach
Gott zu dem Hochmütigen." — Zum letztenmale also:
Ihr weigert Euch, mir diese lumpigen fünf Pfund zu
geben?"

„Ganz entschieden!"

„Also gut."

Manasse rief den Kellner. „Was wollt Ihr thun?"
rief Grobstock furchtsam.

„Das werdet Ihr sehen," sprach Manesse entschlossen und als der Kellner kam, drückte er ihm das

Geld für seine Tasse Kaffee in die Hand. Grobstock
errötete vor Beschämung. Manasse erhob sich. Grobstocks verhängnisvolle Charakterschwäche verursachte
ihm in elfter Stunde einige Gewissensbisse: „Ihr seht
selbst, wie unvernünftig Eure Forderung war," murmelte er.

„Gebt Euch nicht die Mühe, Euch zu rechtfertigen.
Als Menschenfreund bin ich mit Euch fertig," sagte
Manasse. „In Zukunft mögt Ihr Euren Rock mit
Schnupftabak beschmieren, soviel Ihr wollt; mich geht
es nichts mehr an. Als Finanzier respektiere ich Euch
noch immer und zu dem Finanzier werde ich mög-
licherweise noch kommen — aber zu dem Menschenfreund nie mehr."

„Alles, was ich thun kann" — stammelte Grobstock.

„Halt! Ich habe eine Idee," sagte Manasse nachdenklich zu ihm niederblickend. „Ich habe etwas über
sechzig Pfund gesammelt. Wenn Ihr sie für mich an-
legen würdet". —

„Gewiß! Gewiß!" fiel Grobstock mit versöhnlichem
Eifer ein.

„Gut! Mit Eurer unvergleichlichen Kenntnis der
Märkte wird es Euch ein Leichtes sein, in ein paar
Tagen die fehlende Summe zu ergänzen. Vielleicht
habt Ihr sogar einen großen Koup im Sinne?"

Grobstock nickte unbestimmt vor sich hin. Er
hatte sich bereits erinnert, daß etwas derartiges unter

seiner Würde sei. Er war kein Makler und hatte bisher nie etwas Derartiges gethan. „Aber wenn ich
Alles verliere?" sagte er, einen Rückzug versuchend.

„Unmöglich!" sprach der Schnorrer mit heiterer
Ruhe. „Vergeßt Ihr denn, daß es der Synagoge
gehört? Glaubt Ihr, daß der Allmächtige sein Geld
verloren gehen lassen wird?"

„Warum spekuliert Ihr da nicht selber?" fragte
Grobstock listig.

„Die Ehre des Allmächtigen muß gewahrt werden.
Wie, sollte man ihm weniger gut dienen, als einem
irdischen Monarchen? Meint Ihr, ich kenne nicht Eure
finanziellen Beziehungen zum Hof? Der Dienst des
Allmächtigen erfordert die geeignetsten Männer. Ich
war der Geeignetste zum Sammeln des Geldes —
Ihr seid der Geeignetste, um es anzulegen. Morgen
früh soll es in Euren Händen sein".

„Nein, gebt Euch nicht die Mühe," sprach Grobstock schwach. „Ich habe nicht das wirkliche Geld
nötig, um damit Geschäfte zu machen."

„Ich danke Euch für das Vertrauen, das Ihr
mir schenkt," antwortete Manasse bewegt. „Nun sprecht
Ihr wieder, wie Ihr selbst. Ich ziehe zurück, was
ich zu Euch sagte; ich werde wieder zu Euch kommen
— zu dem Menschenfreund, gerade so wie zu dem
Finanzier — und es thut mir leid, daß ich den Kaffee
selbst bezahlte." Seine Stimme bebte.

Grobstock war gerührt. Er zog einen halben
Schilling hervor und erstattete die Ausgaben seines
Gastes mit Zinsen. Manasse steckte die Münze in die
Tasche und nahm kurz darauf Abschied, nachdem er
seinem Makler noch einige Weisungen gegeben hatte.

Da Grobstock das Geschäft einmal übernommen
hatte, beschloß er, es so gut als möglich durchzuführen.
Heimlich bewog ihn die Eitelkeit, den Bettler in Erstaunen zu setzen. Zufälligerweise war er wirklich im
Begriffe, ein großartiges Manöver auszuführen und
neben seinem eigenen Triton mochte Manasses Fischchen
mitschwimmen. Er machte aus den sechzig Pfund
sechshundert.

Ein paar Tage nach der Königlichen Hochzeit,
deren Herrlichkeiten unter den degenerierten Schnorrern
von heute noch immer von Mund zu Mund gehen,
machte Manasse den Kanzler vor Erstaunen stumm,
indem er ihm einen Beutel überreichte, der in Gold
hundert Pfund enthielt. So erfüllte er ehrenhaft seine
Pflicht gegen die Synagoge und zwar mit größerer
Geschwindigkeit, als mancher Vorsteher es gethan haben
würde. Aber das war noch nicht genug. Da er der
richtigen Ansicht war, daß das Ergebnis der Speku-
lation der Synagoge gehöre, nachdem ihr Geld auf
dem Spiele gestanden hatte, übergab er mit Don
Quixotischer Gewissenhaftigkeit den Rest von fünfhundert
Pfund dem Machamad, indem er nur die Bedingung

ftellte, daß fie unter dem Titel einer Da Cofta = Stif=
tung zu einer lebenslänglichen Rente für ein armes
würdiges Mitglied der Gemeinde verwendet werden
follten, bei deffen Wahl er als Spender die entfchei=
bende Stimme haben müffe. Der Rat der Fünf
ftimmte den Bedingungen eifrig zu und berief für die
Wahl eine befondere Verfammlung.

Des Spenders Wahl fiel auf Manaffe Bueno
Barzillai Azevedo da Cofta, der fortan allgemein als
König der Schnorrer anerkannt und hiermit der Tradi=
tion überliefert.

Verlag Siegfried Cronbach, Berlin.

Spicer, M., Blätter und Blüten aus Kroatiens Gauen. Brosch. 4,50 Mk., geb. 5,50 Mk.

Danziger Zeitung vom 11. Februar 1894. Bedeutende Männer waren es, die ihre Leier zum Ruhme kroatischer Größe und entschwundener Zeiten haben ertönen lassen. Man muß es dem Übersetzer daher Dank wissen, daß er diese kostbaren Perlen kroatischer Poesie gesammelt und uns zugänglich gemacht hat.

Elsa v. Schabelsky, Harem und Moschee. Reiseskizzen aus Marokko. Preis 2 Mk.

Eine reiselustige Berlinerin, der das ewige „Karlsbad oder Helgoland — oder höchstens Norwegen" zur Sommererholung zu langweilig erschien und die deshalb etwas weiter ausgriff, um sich nach erfrischender Seefahrt über Madeira und die Kanarien ein Stück des afrikanischen Festlandes zu betrachten, schildert uns hier in ungeniertem Plauderton, was sie auf ihrer Reise gesehen und erlebt hat. Prüderie liegt ihr fern; doch auch, wo sie uns Einblicke in die Zustände der Haremsfrauen und der Eunuchen vornehmer Marokkaner eröffnet, wie sie sich solche als Dame zu verschaffen wußte, bleibt sie doch in dezenten Schranken. Man hat es bei dem sauber ausgestatteten Büchlein also keineswegs mit „pikanter Lektüre" im ordinären Sinne des Wortes zu thun, sondern mit frisch aus der Situation heraus entworfenen flotten Skizzen des marokkanischen Volks- und Gesellschaftslebens.

Preußische (†) Zeitung.

Stern, Bernhard, An der Wolga. Von Nischny-Nowgorod nach Kasan. Reisemomente. Preis 2 Mk.

Den Werken über Rußland, welche bereits von Bernhard Stern vorliegen, schließt sich heute ein kleines Bändchen wohlgelungener Reiseskizzen an. Der Verfasser betont es irgendwo selbst, daß er keine sogenannten gelehrten Werke zu schreiben beabsichtige, sondern Reiseeindrücke in kurzweiliger Form, gewissermaßen in vornehmem Feuilletonstil, wiederzugeben gedenke. Das umfassende Wissen bezüglich seines Gegenstandes aber würde den Verfasser wohl in den Stand setzen, ein schweres, tiefgreifendes Werk zu schreiben, und es ist klar, daß die Feuilletons, die auf dem Fundamente eines solchen Wissens entstehen, ganz besonderen Glanz haben müssen. Bernhard Stern versteht es, dem Leser das Geschaute mit einer Lebhaftigkeit vorzuführen, daß es fast die Greifbarkeit des Selbsterlebten erhält. Wer die Skizzen von der berühmten Nischny-Nowgoroder Messe liest, empfängt ein so bewegtes und eindringliches Bild, daß er sicher die Stadt und das ganze Meßtreiben schon einmal gesehen zu haben vermeinte, käme er jemals persönlich nach der alten Kaufstadt. Uebrigens begnügt sich der Verfasser keineswegs mit der Schilderung der Gegenwart, er teilt überall so viel von der Geschichte der Vergangenheit mit, als zum Verständnis der Gegenwart nötig ist. Dazu verfügt er über einen ganz eigenartigen, emphatischen Stil, der zuerst befremdet, aber nichtsdestoweniger packt. Diese „Reisemomente" sind wertvolle Kulturbilder, deren Reiz Jeder empfinden muß, welcher sich mit ihnen beschäftigt. Es ist nur schade, daß die Reise schon in Kasan ihr Ende erreicht, denn ist die Reise an sich auch groß — das Buch gehört zu denjenigen, von welchen man ungern Abschied nimmt. Allen Liebhabern einer gediegenen Reiselitteratur sei dieses neue Werkchen Sterns aufs Beste empfohlen.

Hambg. Fremdenblatt.

Verlag Siegfried Cronbach, Berlin.

Berg, E., Der Mitgiftdoktor. Ein Stück aus der Gegenwart. Brosch. 1,50 Mk., geb. 2 Mk.

Die Breslauer Morgenzeitung vom 12. Februar 1892 schreibt: Der Verfasser dokumentiert ein nicht gewöhnliches Talent, gemütvoll zu schildern und interessante Charaktere mit scharfen Strichen zu zeichnen. Der Schauplatz, auf welchem der Verfasser seine Studien machte, ist vorwiegend das kleinstädtische Bürgertum und hier wieder das jüdische Haus, dessen Beziehungen zu der christlichen Bevölkerung die Hauptmotive der Erzählungen bilden.

Kohn, S., Der alte Grenadier. — Die fidelen Alten. 1,50 Mk., geb. 2 Mk.

Wochen-Rundschau für dramatische Kunst, Litteratur und Musik. Frankfurt a. M. Seine erste Geschichte „Der alte Grenadier", ein Lebensbild aus dem vormärzlichen Österreich, ist ein rührendes Charakterbild, das die vielfach irrtümlich geglaubte Fabel von dem sorgenfreien Dasein der Juden gewährt. Die andere Erzählung „Die fidelen Alten" zeigt, welche verderblichen Folgen durch vorurteilsvollen Rassenhaß gezeitigt werden, sie ist eine abschreckendere Warnung vor dem Antisemitismus als manche Streitschrift. In beiden Geschichten bewährt sich Kohn als der alte, künstlerisch hochstrebende Meister.

Sammter, Dr. A., Der Rabbi von Liegnitz. Historische Erzählung aus der Hussitenzeit. 1,50 Mk., geb. 2 Mk.

Die Vossische Zeit schreibt: Zu diesem Roman hat der Verfasser eingehende Studien über die mittelalterliche Geschichte von Liegnitz angestellt, und es ist ihm wohlgelungen, die alte Zeit glaubhaft und anschaulich wieder aufleben zu lassen. Das Wirken des Rabbi für die Seinen, sein umsichtiges und menschenfreundliches Eingreifen und Vermitteln bei den Bedrängnissen seiner Glaubensgenossen, das glückliche Familienleben in seinen und ihren Kreisen kann nur sympathisch berühren.

Stern, Bernhard, Fürst Wladimirs Tafelrunde. Altrussische Heldensagen mit Einleitung und Bibliographie. Brosch. 8,50 M.

Bohemia. Eine Auswahl interessanter altrussischer Heldensagen, deren loser Zusammenhang lediglich durch den Typus der Darstellung und den passiven Mittelpunkt der Heldenlieder, den Fürsten Wladimir, hergestellt ist. Es ist eine Analogie zu unserer Artus- und Gralsage, obwohl der Charakter der russischen Helden (Bogatyrs), dem Lande und den Volksanschauungen entsprechend, grundverschieden von jenen ist. Die Uebersetzung kann meisterhaft genannt werden. Die Sprache ist klar und wohlklingend. Das klassische Werk ist daher nicht nur für den Litterarhistoriker von Bedeutung, es wird auch dem Laien großes Interesse darbringen. Wir begegnen in den Heldenliedern (Bylinen) wunderschönen Vergleichen, die uns im Deutschen fremd sind. Die ständigen, sehr bezeichnenden Epitheta, Wiederholungen, Anachronismen und köstlicher Humor sind äußerst ergötzlich.

**Serz, C., Der Herr Hofprediger hat gesagt ....
und anderes.** Moderne Zeitbilder. Brosch. 1,50 Mk.,
geb. 2 Mk.

> Schlesische Zeitung vom 22. 1. 1892 ..... durchweg sehr flott und
> gewandt geschrieben .....

Bisland, E., Eine Blitzfahrt rund um die Welt.
Brosch. 1,50 Mk., geb. 2 M.

> Hamb. Nachrichten, 28. Oktober 1891. Manche unserer Leser werden sich
> erinnern, daß im Jahre 1887 eine junge Amerikanerin, Miß Bisland, eine
> Blitzreise um die Welt machte, um den Rekord I. Vernes in 80 Tagen zu
> übertreffen, was ihr auch gelungen ist, da sie die Reise mit Hilfe der modernen
> Verkehrsmittel in 75 Tagen absolvierte. Das Experiment, besonders da es
> von einer Dame gemacht wurde, rief s. Z. großes Aufsehen hervor. Eine
> Frucht dieser Blitzreise ist vorliegendes Buch, welches mit frischem, feinem
> Humor, lustig plaudernd, uns die Erlebnisse der jungen Dame schildert.
> Man liest diese Reisebeschreibung wie einen spannenden Roman, so amüsant
> weiß die Verfasserin zu erzählen. Die Uebersetzung ist sehr gut.

Spicer, M., Kroatische Novellen. Brosch. 2,50 Mk.

> Berliner Neueste Nachrichten. Wenn es wahr ist, daß die Völker durch
> ihre Dichter ihr Drängen und Streben den Mitmenschen verkünden und den
> späteren Geschlechtern erhalten, so muß man mit tiefer Wehmut im Herzen
> das Spicersche Buch schließen, denn sie alle, von Sischko Mencentic angefangen,
> der den Reigen der kroatischen Geistesgrößen eröffnet, bis Hrvat=Bosniak, der
> ihn beendet, künden, wie groß und mächtig das Streben ihres Volkes ge=
> wesen und wie armselig die Erfolge. Dieser wehmütige Zug durchzieht das
> ganze Buch von der ersten bis zur letzten Seite, und der frohe Humor, den
> hier und da ein Dichter anstimmen will, klingt mehr wie trauriges Lächeln,
> denn als lustiges Lachen, es scheint fast, als ob der Humor und die frische
> Lebensfreude nicht zur Volksseele paßte.

Zapp, Arthur, Die Rose von Sesenheim. Eine Er=
zählung aus Goethes Liebesleben. 2. Auflage. Broch.
1,50 Mk. In elegantem Originalband. 2,50 Mk.

> Die „Allgemeine Modenzeitung" schreibt: In der reizenden, stimmungs=
> vollen Erzählung „Die Rose von Sesenheim" hat Arthur Zapp das Liebes=
> verhältnis Goethes mit Friederike Brion, der lieblichen Pfarrerstochter in
> Sesenheim, mit poetischen Farben ausgemalt und es auch vortrefflich ver=
> standen, den Schatten, den dieses Verhältnis auf Goethes Leben wirft, so zu
> mildern, daß der sympathische Eindruck sowohl bei Goethe, als der sich auf=
> opfernden Friederike gewahrt bleibt. Friederike erscheint als die edle Dulderin,
> die freiwillig die Rechte ihres Herzens aufgiebt, um den Geliebten auf der
> Staffel des Ruhmes emporsteigen zu sehen. Die Leidenschaft in ihrer Brust
> und die Wandlung zur stillen, edlen Resignation ist mit psychologischer Feinheit
> ausgeführt.

Druck von Arthur Scholem, Berlin C., Roßstr. 3.

CPSIA information can be obtained
at www.ICGtesting.com
Printed in the USA
BVHW04*1346180918
527831BV00012B/758/P